Denis Moinina Sandy

O lado negro do desenvolvimento da Serra Leoa no século XXI

Denis Moinina Sandy

O lado negro do desenvolvimento da Serra Leoa no século XXI

ScienciaScripts

Imprint

Any brand names and product names mentioned in this book are subject to trademark, brand or patent protection and are trademarks or registered trademarks of their respective holders. The use of brand names, product names, common names, trade names, product descriptions etc. even without a particular marking in this work is in no way to be construed to mean that such names may be regarded as unrestricted in respect of trademark and brand protection legislation and could thus be used by anyone.

Cover image: www.ingimage.com

This book is a translation from the original published under ISBN 978-620-2-09530-3.

Publisher:
Sciencia Scripts
is a trademark of
Dodo Books Indian Ocean Ltd. and OmniScriptum S.R.L publishing group

120 High Road, East Finchley, London, N2 9ED, United Kingdom
Str. Armeneasca 28/1, office 1, Chisinau MD-2012, Republic of Moldova, Europe
Printed at: see last page
ISBN: 978-620-7-97785-7

ÍNDICE DE CONTEÚDOS

DEDICAÇÃO

Este trabalho "*O Lado Negro do Desenvolvimento da Serra Leoa no Século 21st* " é dedicado ao meu filho David, pela luz do sol e pelo riso que trouxe à nossa casa. Que Deus continue a guiá-lo e a protegê-lo sempre.

AGRADECIMENTOS

Agradeço a Deus Todo-Poderoso por me ter acompanhado nesta tarefa de realizar esta "*viagem do livro*". De facto, a Sua Graça foi suficiente para mim durante este período.

Agradeço a todos os meus alunos por terem aplicado o questionário em todo o país e às 370 pessoas que disponibilizaram o seu tempo para responder às suas entrevistas. Estou muito grata a todos vós, porque se não fosse pelo vosso tempo e pelas vossas respostas, este trabalho não poderia ter sido escrito.

Obrigado também aos meus revisores (Srs. Senesie e Turay) pelo seu tempo para analisar o trabalho e recomendar os ajustes necessários para o aperfeiçoar. Agradeço também ao falecido Chefe do Departamento de Economia e Comércio, FBC, pela sua compreensão em ver este trabalho realizado. Que a sua alma descanse em paz.

Por último, agradeço aos meus familiares (Mary, Margaret e David) pelo apoio que me deram ao longo deste exercício.

LISTA DE ABREVIATURAS

AfDB – African Development Bank	MEST – Ministry of Education Science and Technology
AfP – Agenda for Prosperity	MEYS – Ministry of Education Youth and Sports
CSOs – Civil Society Organisatios	MOYA – Ministry of Youth Affairs
DfID - Department for International Development	NAYCOM – National Youth Commission
EVD – Ebola Virus Disease	NERC – National Ebola Response Centre
ECOWAS – Economic Community of West African States	NCRRR – National Commission for Resettlement, Rehabilitation and Reconstruction
EDSA – electricity Distribution and Supply Authority	NCDDR – National Commission for Disarmament, Demobilisation and Resettlement
EGTC – Electricity Generation and Transmission Company	Okadas – Local name for transport motor cycles
FBC – Fourah Bay College	PPP- Purchasing Power Parity
F and D – Finance and Development of International Monetary Fund	PRSP – Poverty Reduction Strategy Paper
FDI – Foreign Direct Investment	REBEP – Rehabilitation of Basic Education Project
FGDs – Focus Group Discussions	SALWACO – Sierra Leone Water Company
GDP – Gross Domestic Product	SDGs – Sustainable Development Goals
GNP – Gross National Product	SLFA – Sierra Leone Football Association
GoSL – Government of Sierra Leone	SMEs – Small and Medium Scale Enterprises
HDI – Human Development Index	UNGA – United Nations General Assembly
IDDA – Industrial Development Decade for Africa	UNDP – United nations Development Programme
IMF – International Monetary Fund	WB – World Bank
MDAs – Ministries, Departments and Agencies	WAEC – West Africa Examination Council
MDGs – Millennium Development Goals	WASSCE – West Africa Senior Secondary Certificate Examination

RESUMO

A Serra Leoa é um país da África Ocidental que tinha perspectivas mais promissoras após a independência dos britânicos em 1961. A expetativa era que, com os fortes alicerces lançados pelos senhores coloniais e os abundantes recursos naturais, a *"nova safra de gestores"* autóctones do país utilizasse esta vantagem para impulsionar o país para uma forte via de crescimento e desenvolvimento. Quase 56 anos após a independência, o país caracteriza-se por uma pobreza aguda, grande desigualdade, analfabetismo, baixa esperança de vida, elevado desemprego, especialmente entre os jovens, etc., devido à má gestão dos nossos recursos naturais, à corrupção desenfreada e a uma guerra rebelde catastrófica.

[st]Assim, este trabalho sobre *"O Lado Negro do Desenvolvimento da Serra Leoa no Século XXI"* procura identificar e apresentar os sectores críticos do desenvolvimento do país e avançar com recomendações para inverter a situação. Por conseguinte, o *"lado negro"* foi definido como *"áreas ou sectores em que não se registaram melhorias significativas ao longo do tempo, fazendo com que os benefícios do desenvolvimento do país não sejam sentidos pela maioria dos serra-leoneses"*.

O trabalho incorporou fontes primárias e secundárias de recolha de dados, mas baseou-se fortemente no tipo primário, com entrevistas e discussões em grupos de discussão (FGDs) de cidadãos de diferentes esferas em todo o país.

[st]O desenvolvimento do país no século XXI foi orientado por três documentos importantes - o DERP I, o DERP II (Agenda para a Mudança) e o DERP III (Agenda para a Prosperidade). O impacto destes documentos na vida das pessoas é ainda insignificante, o que fez com que o desenvolvimento fosse definido e interpretado de forma diferente por todos.

O trabalho identificou 13 sectores *"muito críticos"* para o desenvolvimento do país, revelando a educação, a saúde e o saneamento, a agricultura e a eletricidade como os *"mais cruciais"*; o abastecimento de água, o emprego, a economia e a justiça como os *"mais cruciais"*; e as infra-estruturas, os transportes, o desporto, as instituições e o comércio como os sectores *"de alguma forma cruciais"*.

Em todos estes casos, a educação foi considerada como o sector mais importante para o desenvolvimento do país, o que levou o trabalho a apelar à coerência na formulação de políticas nos sectores críticos e a maiores investimentos no capital humano. Outras recomendações incluem uma revisão das leis (uma vez que se tornaram obsoletas), o compromisso de promover o desenvolvimento do sector privado, a independência do poder judicial, a luta contra o desemprego dos jovens e a redução ou eliminação da corrupção no sistema. [st]Só então os serra-leoneses poderão ter a certeza de uma luz mais brilhante em termos de melhorias nas suas vidas antes do início da terceira década do século XXI.

Isto significa que uma liderança política forte e determinada é fundamental para o desenvolvimento da Serra Leoa, especialmente na eliminação da corrupção que se infiltrou em todos os sectores do país.

CAPÍTULO 1 - INTRODUÇÃO

1.1 ANTECEDENTES - A Serra Leoa é um pequeno país da África Ocidental conhecido internacionalmente por um número considerável de razões: a presença abundante de recursos naturais, incluindo minerais como os diamantes, o ouro, a bauxite, o minério de ferro, o rutilo, etc.; um solo agrícola rico; uma população pequena, mas mergulhada numa pobreza aguda (7.09M, como indicam os dados recentes do Censo), elevados níveis de corrupção em quase todos os sectores, uma guerra devastadora de 11 anos (de março de 1991 a novembro de 2002) e, recentemente, a chegada da doença do vírus Ébola, que durou 18 meses (de abril de 2014 a novembro de 2015) no país. O percurso de desenvolvimento socioeconómico do país, que se tornou independente dos britânicos em 1961, tem sido de "*ranger e gaguejar*". [th]Além disso, os indicadores sociais e económicos, especialmente nos domínios da saúde e da educação, desde a independência até ao final do século XX, têm sido muito terríveis. [st]No entanto, foram obtidos alguns progressos em alguns sectores, incluindo o abastecimento de energia e a reconstrução de estradas no século XXI, mas a melhoria do bem-estar geral dos cidadãos continua a ser um desafio.

[st]Assim, para melhorar o estado de desenvolvimento social e económico do país no século XXI, diferentes governos iniciaram vários programas com diferentes temas para se adaptarem às condições prevalecentes durante o seu tempo. Assim, desde o Primeiro Documento de Estratégia e Redução da Pobreza (DERP I), formulado em 2002, até ao atual Documento da Agenda para a Prosperidade, produzido em 2013, o foco central destes programas tem sido a redução da pobreza e o estímulo ao crescimento económico do país.

Em resumo, este trabalho vai ser uma tentativa de discutir o que tem sido considerado como o "*lado negro*" do desenvolvimento do país no século 21st em relação às questões importantes que emanam da implementação destes documentos de desenvolvimento

1.2 SIGNIFICADO DO TRABALHO - O desenvolvimento dos países tem sido uma preocupação séria dos decisores políticos e dos profissionais do desenvolvimento em todo o mundo. Desde a Assembleia Geral das Nações Unidas, onde são formuladas e definidas as agendas e os instrumentos políticos para o mundo, passando por instituições multilaterais como o FMI e o Banco Mundial, onde esses instrumentos são aperfeiçoados e aplicados, até ao atual Fórum Económico Mundial, que se realiza todos os anos em janeiro, em Davos, na Suíça, os debates têm incidido sobre a forma como os países em desenvolvimento (considerados excluídos do caminho do desenvolvimento) podem ser ajudados a melhorar os indicadores socioeconómicos, a fim de reduzir a pobreza, a desigualdade, o desemprego e a exclusão social prevalecentes na maioria desses países.

No final, espera-se que os países em desenvolvimento "*alcancem*" o mundo desenvolvido e sejam contados entre as nações civilizadas.

1.3 No entanto, o principal consenso entre os profissionais do desenvolvimento é que a maioria dos países em desenvolvimento não tem sido capaz de formular políticas sobre questões críticas de desenvolvimento, e muito menos de as implementar para o crescimento e desenvolvimento dos seus países, o que poderia ter melhorado o bem-estar dos seus cidadãos. Em suma, a identificação das prioridades do país, a formulação de políticas pelos governos anteriores e actuais em função dessas prioridades, a promulgação de leis para as aplicar e a sua implementação têm sido os principais obstáculos ao desenvolvimento desses países.

1.4 OBJECTIVO - O objetivo geral deste trabalho é identificar e apresentar as áreas/sectores críticos sobre "*O Lado Negro do Desenvolvimento da Serra Leoa no Século 21st* ". A intenção não é, portanto, avaliar os governos passados e actuais, mas sim identificar as áreas cruciais relevantes para a formulação de políticas eficazes e para o desenvolvimento global do país. A expetativa é que isto reforce o desenvolvimento significativo nestas áreas e também ajude a sustentá-lo.

Assim, "*O Lado Negro*", para efeitos deste trabalho, foi definido como "*áreas em que não se registaram melhorias significativas ao longo do tempo, fazendo com que os benefícios do desenvolvimento do país não sejam sentidos pela maioria dos serra-leoneses*".

1.5 METODOLOGIA DO ESTUDO - O trabalho utilizou fontes primárias e secundárias de recolha de dados. Do ponto de vista primário, os inquiridos foram identificados em todo o país a partir de um vasto leque de disciplinas/áreas/profissões, incluindo funcionários públicos, académicos, políticos, estudantes, meios de comunicação social, conselheiros, presidentes de câmara, grupos femininos, actores não estatais, incluindo ONG, OSC, cavaleiros *de Okada* e outros grupos de jovens.

Foi elaborado um questionário simples e conciso com 7 perguntas como instrumento de inquérito e foi utilizado o método de amostragem aleatória simples para obter as informações necessárias dos indivíduos através de entrevistas presenciais (ver Anexo 1 para a Matriz dos entrevistados). Também foram realizadas discussões de grupo focal com alguns condutores de "*okada*" e grupos de jovens. Os assistentes de campo foram enviados para as 4 cidades-sede regionais do país para administrar o questionário. Em média, estes assistentes passaram 4 dias em Bo (Sul), Makeni (Norte), Kenema (Leste) e Freetown (Oeste).

No que se refere à recolha de dados secundários, foi analisada a literatura sobre desenvolvimento adequada e recorreu-se a publicações relevantes, como o PNUD, o Governo da Serra Leoa, publicações de instituições multilaterais como o FMI e o Banco Mundial e diferentes autores.

Os dados foram analisados utilizando ferramentas matemáticas e estatísticas simples, como percentagens, distribuição de frequências, média, intervalo e classificação. A classificação foi introduzida especialmente para determinar a "*gravidade*" do problema nestes sectores/áreas. Por conseguinte, esta "*gravidade*" foi classificada como "*muito grave*", "*muito grave*" e "*grave*". Foram também introduzidos gráficos, como o gráfico de pizza, para ajudar na interpretação dos resultados. Em geral, os sectores/áreas foram divididos em dois "*degraus*" - o degrau A representando os sectores "*muito críticos*" e o degrau B indicando os sectores "*críticos*". Estes dois degraus foram ainda classificados em 6 áreas cruciais, nomeadamente - "*mais crucial, mais crucial, de alguma forma crucial, crucial, menos crucial e não crucial*". Por último, foi feita uma avaliação percentual da trajetória de desenvolvimento do país desde 2000 e dadas as interpretações pertinentes.

1.6 stCALENDÁRIO E ORGANIZAÇÃO DO TRABALHO - O trabalho centrou-se inteiramente no século XXI, ou seja, num período de dezasseis anos que vai do ano 2000 a 2017. Por este motivo, o trabalho restringiu-se às principais questões críticas para o desenvolvimento da Serra Leoa neste século e às implicações políticas adequadas.

Por isso, o trabalho foi dividido em seis capítulos. Enquanto o primeiro capítulo (Capítulo 1) introduziu o trabalho, o Capítulo 2 apresentará uma sinopse da literatura sobre o desenvolvimento relacionada com o tema em discussão e a trajetória de desenvolvimento do país desde 2000. Será também apresentado um resumo dos indicadores socioeconómicos do desenvolvimento da Serra Leoa durante este período. O Capítulo 3 apresenta uma análise exaustiva dos sectores/áreas considerados como estando no "*lado negro*" do desenvolvimento do país. O Capítulo 4 centrar-se-á na análise contextual, na apresentação dos resultados e nas suas interpretações para o desenvolvimento da Serra Leoa. Enquanto o capítulo 5 apresentará algumas das intervenções do governo nos sectores cruciais identificados ao longo do tempo, o capítulo final (capítulo 6) encerrará o trabalho com o resumo e as conclusões, juntamente com as recomendações (que os governos actuais e futuros) devem considerar para que o desenvolvimento do país possa seguir uma trajetória sólida.

CAPÍTULO 2 - A TRAJECTÓRIA DE DESENVOLVIMENTO DA SERRA LEOA DESDE 2000 E A LITERATURA CRUCIAL SOBRE DESENVOLVIMENTO

2.1 ORIENTAÇÃO DA TRAJETÓRIA DE DESENVOLVIMENTO DA SERRA LEOA DESDE 2000 - Para a Serra Leoa, o século XXI começou com uma forte apreensão, mas as esperanças foram reavivadas com o fim da guerra rebelde que tinha engolido o país durante quase 11 anos (1992 - 2003).[4] A tónica foi então colocada na reinstalação total da população deslocada; na reabilitação das comunidades nas cidades, distritos e chefias; e na reconstrução das estruturas e instalações que tinham sido destruídas.[5] Além disso, foi também dada uma atenção considerável à desmobilização, ao desarmamento e à reintegração dos antigos combatentes na sociedade através de vários programas de formação profissional e de medidas de reconciliação.[6]

Para facilitar todo este processo, o Governo formulou o Primeiro Documento de Estratégia para a Redução da Pobreza (DERP I), que se centrava inteiramente na redução da pobreza e na renovação das zonas rurais. Este documento de desenvolvimento durou até 2007.

A partir de 2008, o DERP I foi substituído pela Agenda para a Mudança do Governo, que acabou por ficar conhecida como DERP II. O objetivo da Agenda para a Mudança era identificar as áreas/sectores que iriam reforçar o processo de crescimento do país e, eventualmente, lançar as bases para um desenvolvimento económico sustentado. A tónica foi, portanto, colocada na mudança a todos os níveis e esferas da vida e nas mudanças estruturais a serem evidenciadas em todos os sectores da economia. Este documento de desenvolvimento foi implementado até 2012.

Em 2013, "*Mudança*" foi substituída por "*Prosperidade*" e o documento de desenvolvimento ficou conhecido como "*Agenda para a Prosperidade*" (AfP), que traçou o desenvolvimento da Serra Leoa para o período 2013-2018. Este documento tem por objetivo *construir uma economia estável, assente no crescimento liderado pelo sector privado, e diversificar as actividades em vários sectores competitivos, aumentando o valor acrescentado e gerando*

---

4 Tal foi possível graças à assinatura do Acordo de Paz de Lomé, no Togo, que precedeu o Acordo de Paz assinado em Abidjan, na Costa do Marfim, em novembro de 1996 (ver documentos sobre o Acordo de Paz entre o Governo da República da Serra Leoa e a Frente Unida Revolucionária da Serra Leoa, assinados em Abidjan, em 30 de novembro de 1996, e em Lomé, em abril de 2000, respetivamente)

5 Para atingir este objetivo, o Governo criou em 1997 uma agência especializada denominada Comissão Nacional para a Reconstrução, Reabilitação e Reinstalação (NCRRR) para facilitar todos os esforços de recuperação pós-guerra

6 O Governo criou a Comissão Nacional de Desarmamento, Desmobilização e Reinstalação (CNDDR) em 1999 para desarmar cerca de 33.000 ex-combatentes em todo o país

emprego equitativo em termos de género. Também conhecido como a Terceira Geração do DERP da Serra Leoa, a visão deste documento é lançar as bases para o arranque, de modo a que o país possa estar preparado para alcançar o *"estatuto de rendimento médio"* até 2035 (GoSL, 2014).[7]

O relatório da Conferência sobre *"Transformação e Desenvolvimento"*, que identificou e deu prioridade a áreas-chave para o desenvolvimento socioeconómico do país através de consultas alargadas em 2012, orienta a Agenda para a Prosperidade.

A complementar a PFA está o documento *"Desenvolvimento pós-Ébola"* (também conhecido como Prioridades de Recuperação do Presidente), produzido em 2015 para orientar eficazmente o país para a recuperação económica e o desenvolvimento, após o fim do Ébola e a declaração do país como livre em novembro de 2015. Pensa-se que este documento e a AfP estão a ser implementados simultaneamente.

Outros documentos de desenvolvimento incluem os formulados pelos MDA para orientar as suas operações e garantir a sua eficácia; alguns incluem, mas não se limitam a, os seguintes - *"The Blueprint for Youth Development (2014-2018)"* para orientar o desenvolvimento da juventude no país[8] , Estratégia Nacional para a Redução da Gravidez na Adolescência, Política Nacional de Terras, Plano de Desenvolvimento da Eletricidade, Programa de Desenvolvimento Agrícola Abrangente e Inclusivo (2016-2020) do Ministério da Agricultura, Florestas e Segurança Alimentar, etc

Todos estes documentos de desenvolvimento estavam alinhados com os 8 Objectivos de Desenvolvimento do Milénio, que se estenderam de 2000 a 2015, e foram agora ajustados aos novos 17 Objectivos de Desenvolvimento Sustentável, com um período de implementação de 2016 a 2030. De particular relevância são a PFA e os Documentos de Recuperação Pós-Ébola, que foram diretamente produzidos de acordo com estas agendas de desenvolvimento global. [st]No início do século XXI, os líderes mundiais comprometeram-se com uma declaração denominada Objectivos de Desenvolvimento do Milénio (ODM), que se destinava a transformar drasticamente as vidas nos países em desenvolvimento e a aumentar a esperança de vida. Em 2016, estes 8 ODM foram substituídos pelos 17 Objectivos de Desenvolvimento Sustentável (ODS) para dar continuidade à visão de

---

7 A AfP tem 8 pilares e inclui - i) crescimento económico diversificado, ii) gestão dos recursos naturais, iii) aceleração do desenvolvimento humano, iv) competitividade internacional, v) trabalho e emprego, vi) proteção social, vii) governação e reforma do sector público, viii) género e empoderamento das mulheres (ver GoSL, 2013: Agenda para a Prosperidade 2013 - 2018)
8 Trata-se de um documento produzido para o Ministério da Juventude com o apoio do PNUD em 2013/14 e denominado *"Sierra Leone's National Youth Programme"* (GoSL, 2014)

transformação dos países em desenvolvimento.[9]

2.2 UMA PANORÂMICA DA ECONOMIA E DAS CONDIÇÕES SOCIOECONÓMICAS DA SERRA LEOA

2.2.1 A ECONOMIA DA SERRA LEOA

2.2.1.1   Crescimento do PIB: [st]As taxas de crescimento real do PIB do país desde o início do século XXI têm sido encorajadoras, se não mesmo impressionantes, tal como indicado no quadro 2.1 infra. Em 2000, o PIB real, que era de 3,8%, aumentou consideravelmente para 6,3% em 2002, embora tenha descido um pouco para 6,1% em 2003. Em 2004, era de 6,6% e, apesar de ter descido um pouco nos dois anos seguintes, recuperou de novo muito fortemente em 2007 para 8,0%. De 2008 a 2011, a taxa de crescimento desceu, mas mostrou fortes sinais de recuperação em 2012 e 2013, quando registou 15,2% e 20,1%, respetivamente. A maior parte deste crescimento foi, no entanto, alimentado pelo sector mineiro, com as operações significativas da London Mining e da African Minerals no Norte, da Sierra Rutile no Sul e da Octea Mining no Leste. A taxa de crescimento real do PIB foi projectada em 8,0% e 9,9% em 2014 e 2015, respetivamente, mas prevê-se uma contração significativa de 21,5% em 2015 devido à doença do vírus Ébola. Em 2016, a taxa de crescimento real do PIB foi de uns sombrios 2,4%. Esta tendência está indicada no gráfico 2.1 abaixo. Não surpreende, portanto, que a maior parte do investimento direto estrangeiro líquido tenha sido direcionado para o sector mineiro, registando 32,4% e 14,5% em 2011 e 2012, respetivamente (FMI, 2014).

Quadro 2.1 - Taxa de crescimento do PIB real da economia da Serra Leoa de 2000 a 2016

20..	00	01	02	03	04	05	06	07	08	09	10	11
%	3.8	5.4	6.3	6.1	6.6	4.5	4.2	8.0	5.2	3.2	5.3	6.0

12	13	14	15	16
15.2	20.1	8.0	9.9	2.4

9 Os ODM e os ODS eram (são) objectivos, metas e indicadores que se espera que os governos de todo o mundo, mas principalmente dos países em desenvolvimento, atinjam ao longo de um período de 15 anos. a) Os ODM para 2000 a 2015 eram G1 - Erradicar a pobreza extrema e a fome; G2 - Alcançar o ensino primário universal; G3 - Promover a igualdade de género e capacitar as mulheres; G4 - Reduzir a mortalidade infantil; G5 - Melhorar a saúde materna; G6 - Combater o VIH/SIDA, a malária e outras doenças; G7 - Garantir a sustentabilidade ambiental; G8 - Desenvolver uma parceria global para o desenvolvimento.
b) Os ODS para 2016 a 2030 são: S1 - Acabar com a pobreza; S2 - Acabar com a fome; S3 - Assegurar o bem-estar; S4 - Assegurar uma educação de qualidade; S5 - Alcançar a igualdade de género; S6 - Assegurar água e saneamento para todos; S7 - Assegurar energia acessível e sustentável; S8 - Promover trabalho digno para todos; S9 - Construir infraestruturas resilientes e fomentar a inovação; S10 - Reduzir as desigualdades; S11 - Tornar as cidades e os aglomerados populacionais seguros; S12 - Assegurar um consumo sustentável; S13 - Travar as alterações climáticas; S14 - Proteger os oceanos; S15 - Cuidar da Terra; S16 - Promover sociedades pacíficas; S 17 - Reforçar a parceria para o desenvolvimento sustentável.

Fontes - i) (De 2000 a 2003) = ONU = "The Least Developed Countries Report" ONU, NY, Genebra, 2004; ii) (De 2004 a 2015) = FMI: 2014. "Regional Economic Outlook - Sub Saharan Africa", Edição de outubro do "World Economic and Financial Surveys"

Gráfico 2.1 - Evolução do crescimento do PIB real do país de 2000 a 2015

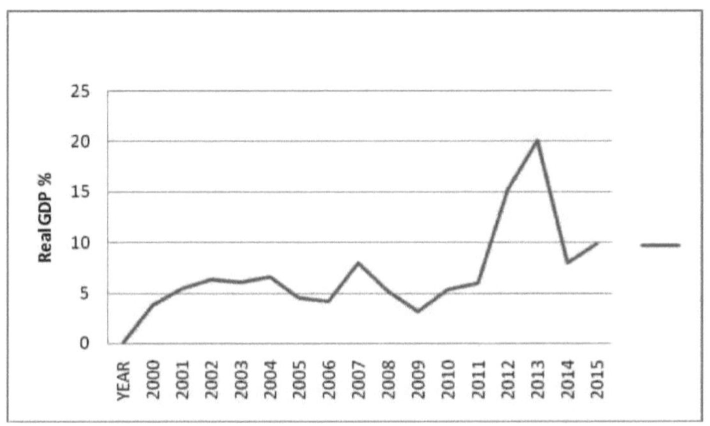

Fonte - Elaborado a partir dos valores indicados no quadro 2.1

<u>2.2.1.2</u>   <u>Inflação</u>: A inflação, indicada pelas flutuações dos preços no consumidor, tem-se situado nos dois dígitos durante este período. Como revela o quadro 2.2, foi de 14,4% em 2004, 13,8% em 2007 e o pior em 2010, com 18,4%. Por conseguinte, a situação melhorou gradualmente e registou mesmo um único dígito de 8,5% em 2013. Foi de 10,0% e 9,5% em 2014 e 2015, respetivamente, e uma razão para isso foi atribuída às perturbações no fornecimento de bens básicos e à depreciação da taxa de câmbio.

Quadro 2.2 - Taxa de inflação da economia da Serra Leoa de 2004 a 2015

20..	04	05	06	07	08	09	10	11	12	13	14	15
%	14.4	13.1	8.3	13.8	12.2	10.8	18.4	16.9	12.0	8.5	10.0	9.5

Fonte - FMI: 2014. "Perspectivas económicas regionais - África Subsariana". Edição de outubro dos "Inquéritos Económicos e Financeiros Mundiais"

<u>2.2.1.3</u>   <u>Desvalorização</u>: A moeda do país (Leone) tem sido

[st]O Leone tem vindo a desvalorizar-se continuamente em relação ao dólar no século XXI, com valores actuais de 13,8% e 13% para 2014 e 2015, respetivamente (GoSL, 2015 - "Government Budget and Statement of Economic and Financial Policies"). Atualmente, o Leone está a ser negociado a 6.950 dólares americanos e, não oficialmente, a 7.500 dólares americanos. Um dos efeitos visíveis é a erosão ou o declínio da poupança nacional bruta,

que foi pior em 2011, com -17% do PIB, em comparação com 3,4% em 2004. Em 2014 e 2015, os valores foram de 1,2% e 8,2%, respetivamente, e muito abaixo dos valores da CEDEAO de 17,4% e 17%, respetivamente (FMI, 2014).

2.2.1.4   Situação das importações e das exportações: [st] A Serra Leoa é um país altamente dependente das importações, tendo esta variável excedido as exportações durante os 16 anos do século XXI. Como mostra o quadro 2.3 abaixo, esta situação foi pior em 2011, quando as importações (em percentagem do PIB) excederam as exportações em 66,3 pontos percentuais. O país nunca registou uma situação em que as exportações igualassem as importações e muito menos as ultrapassassem. Por exemplo, os valores das importações e das exportações em 2006 foram de 23,1% e 16%, respetivamente; 47% e 43,9%, respetivamente, também em 2013; etc.

Quadro 2.3 - <u>Valores de importação e exportação da economia da Serra Leoa de</u> 2000 a 2016

ANO (20...)	IMPORTAÇÕES (% DO PIB)	EXPORTAÇÕES (% DO PIB)
04	24.9	14.4
05	27.5	15.9
06	23.1	16.0
07	22.7	15.3
08	23.6	13.2
09	30.5	15.0
10	43.9	16.2
11	84.7	18.4
12	67.2	35.4
13	47.0	43.9
14	48.9	45.0
15	47.1	42.7

Fonte - FMI, 2014. "Perspectivas económicas regionais - África Subsariana". Edição de outubro dos "Inquéritos Económicos e Financeiros Mundiais"

Esta situação tem afetado negativamente a balança comercial de bens e a situação da balança corrente externa do país; pois têm registado constantemente valores negativos, como mostra o quadro 2.4 abaixo, sendo a pior situação em 2011, com -65,2% e -57,1% para a balança corrente externa e a balança comercial, respetivamente.

Quadro 2.4 - Balança Comercial e Conta Corrente Externa da economia da Serra Leoa entre 2000 e 2016

ANO (20...)	BALANÇA COMERCIAL (% DO PIB)	BALANÇA CORRENTE EXTERNA (% DO PIB)
04	-8.9	-6.9

05	-10.8	-6.4
06	-4.7	-5.0
07	-5.0	-7.4
08	-8.0	-9.0
09	-14.3	-13.3
10	-20.2	-22.7
11	-57.1	-65.2
12	-22.7	-29.1
13	-7.4	-10.4
14	-7.0	-10.9
15	-7.0	-8.2

Fonte - FMI: 2014. "Perspectivas económicas regionais - África Subsaariana". Edição de outubro dos "Inquéritos Económicos e Financeiros Mundiais"

Uma das razões para esta situação dececionante foi o declínio drástico das actividades de produção no país ao longo dos últimos anos.

<u>2.2.1.5</u>   <u>Situação da dívida e das reservas</u>: A Serra Leoa é um país subsariano cronicamente endividado. A dívida pública em percentagem do PIB, como mostra o quadro 2.5 abaixo, registou um valor de três dígitos entre 2001 e 2006 (173% e 103,1%), mas melhorou consideravelmente a partir de 2007 e, portanto, com um valor de dois dígitos. Registou 44,9% em 2011, 30,5% em 2013 e parece ter estabilizado entre 2014 e 2015 com um valor de 33%. Este último valor quase duplicou o valor da CEDEAO de 17% e mostra a situação preocupante desta dívida para o país.

Quadro 2.5 - Situação da dívida pública da economia da Serra Leoa de 2001 a 2015 (% do PIB).

20..	04	05	06	07	08	09	10	11	12	13	14	15
%	151.6	130.9	103.1	42.2	42.4	48.1	46.8	44.9	36.9	30.5	33.0	33.2

Fonte -i) FMI: 2014. "Perspectivas Económicas Regionais - África Subsariana", edição de outubro dos "Inquéritos Económicos e Financeiros Mundiais"; ii) Valores de 2001 e 2002 de 173% e 185%, respetivamente = ONU, 2004

A situação das reservas do país não é muito animadora, como mostra o quadro seguinte. A melhor situação foi em 2008, quando o país registou 4,6 meses de cobertura das importações, e a pior situação foi em 2011, quando registou apenas 2,1 meses de cobertura das importações. Atualmente, a situação das reservas do país foi estimada em 2,4 meses de cobertura das importações. Mais uma vez, este valor é inferior ao valor da CEDEAO de 6,2 meses de cobertura das importações em 2013.

Quadro 2.6 - Situação das reservas da economia da Serra Leoa de 2004 a 2015 (meses de importações de bens e serviços)

20..	04	05	06	07	08	09	10	11	12	13	14	15
%	3.3	4.5	4.6	4.4	4.6	4.5	2.4	2.1	2.3	2.4	2.5	2.7

Fonte - FMI: 2014. "Perspectivas económicas regionais - África Subsaariana". outubro

Edição dos "Inquéritos Económicos e Financeiros Mundiais"

<u>2.2.1.6   Dependência dos doadores e investimento direto estrangeiro líquido</u>: A Serra Leoa é um país altamente dependente dos doadores, com cerca de 48 agências/instituições/organismos de desenvolvimento bilaterais e multilaterais a prestar assistência ao desenvolvimento, de uma forma ou de outra, ao governo. Em 2011, a Assistência Oficial Líquida ao Desenvolvimento representou 14,6% do RNB e 9,8% em 2013 (PNUD, 2015).

Entre 2004 e 2009, o Investimento Direto Estrangeiro Líquido no país (indicado na tabela 2.7 abaixo) foi de um único dígito, com um valor moderado de 5,5 por cento do PIB em 2005. Esse valor aumentou quase duas vezes em 2010 para 9,2% do PIB e aumentou astronomicamente para 32,4% do PIB em 2011 devido ao boom da exploração mineira no país. No entanto, entre 2012 e 2014, o valor desceu para 14,5% e 5,6% do PIB, respetivamente, devido à doença do vírus Ébola (EVD).

Quadro 2.7 - Fluxos Líquidos de Investimento Direto Estrangeiro para a Serra Leoa no Século XXI [st]

YR	2004	2005	2006	2007	2008	2009	2010	2011
% GDP	4.3	5.5	3.1	4.5	2.3	4.5	9.2	32.4

2012	2013	2014	2015
14.5	7.3	5.6	5.6

Fonte - FMI: 2014. "Perspectivas económicas regionais - África Subsariana". Edição de outubro dos "Inquéritos Económicos e Financeiros Mundiais"

2.2.2 ALGUNS INDICADORES SOCIAIS DE POBREZA NA SERRA LEOA De acordo com os números do Censo da População e da Habitação de dezembro de 2015, divulgados pela Statistics Sierra Leone e oficialmente aceites, a Serra Leoa tem uma população de 7,2 milhões de pessoas (GoSL, 2015) com uma taxa de crescimento de 1,9% (PNUD, 2015). A pobreza continua a ser abundante e assustadora no país, com 51,7% da população a viver num estado de pobreza multidimensional grave e uma intensidade de privação de 56,6% (PNUD, 2015). Entre 2004 e 2014, quase 53% da população vivia abaixo do limiar de pobreza nacional e 57% vivia abaixo do limiar de pobreza monetária de 1,25 dólares americanos por dia (PNUD, 2015). Atualmente, o RNB per capita é de 1.096 dólares americanos, em termos de PPC.[10]

A esperança de vida, que era de 39 anos em 2000 (PNUD, 2002), melhorou para 45,6 anos em 2014 (PNUD, 2010) e foi agora estimada em 50,9 anos (PNUD, 2015).[11]

As taxas de mortalidade infantil e de mortalidade de menores de 5 anos, que eram mais elevadas em 2000 (154/1.000 e 267/1.000, respetivamente), melhoraram gradualmente para 107/1.000 e 160/1.000, respetivamente, em 2015. No entanto, estes valores continuam a ser mais elevados do que os valores actuais da África Subsariana, que são de 60,8 e 91,2, respetivamente (PNUD, 2015). O atual rácio de mortalidade materna é de 1.100/100.000 nados-vivos (PNUD, 2015)

Relativamente aos níveis de literacia, apenas cerca de 45,5% da população entre 2005 e 2013 era capaz de ler, escrever ou fazer cálculos simples (PNUD, 2015). Entre 2005 e 2014, 10% das mulheres e 21,7% dos homens tinham algum ensino secundário; com 7,5 anos de oportunidades de escolaridade esperadas (PNUD, 2015). O desemprego é também um problema grave no país, sendo os jovens os mais afectados. Isto porque a taxa de desemprego estrutural entre os jovens é de 60% e menos de 34% dos jovens estão na força de trabalho ativa. Em suma, 60% dos jovens estão subempregados (NAYCOM, 2014).

Como os nossos indicadores sociais ou são terríveis ou não mostraram quaisquer sinais significativos de melhorias nos últimos anos, o resultado é que a Serra Leoa está atualmente classificada em 181/187 com um valor de 0,413 do Índice de Desenvolvimento Humano do PNUD. [st]De facto, em 2012, o país estava classificado em 184/187; 182/187 em 2013 e a tendência correspondente no século XXI (como mostra a tabela 2.8 e o gráfico 2.2 subsequente) não tem sido encorajadora.

Quadro 2.8 - Tendência do IDH da Serra Leoa de 2000 até à data

YEAR	2000	2005	2008	2010	2011	2012	2013	2014
VALUE	0.299	0.329	0.346	0.388	0.394	0.397	0.408	0.413

Fonte - PNUD, 2015 - Relatório de Desenvolvimento Humano sobre o Trabalho para o

---

10 A Paridade do Poder de Compra (PPC) é um conceito que define o peso igual do dólar dos Estados Unidos em todo o mundo. Em termos simples, indica que "uma nota de um ou cinco dólares nos Estados Unidos, em termos de transacções, também deve ser possível com essa mesma nota em qualquer outra parte do mundo". Por exemplo, se comprar um televisor de plasma nos Estados Unidos por 200 dólares americanos, também deve poder comprar esse mesmo televisor de plasma na Serra Leoa pelos mesmos 200 dólares americanos. Em termos nominais, portanto, US $ 1.096 em PPC poderiam ter sido US $ 435.

11 Se não fosse o Ébola que assolou o país entre maio de 2014 e novembro de 2015; e expôs a fragilidade do sistema de saúde do país, deixando cerca de 3.500 mortos ao longo do seu percurso; a esperança de vida poderia ter mostrado muito mais do que estes números (GoSL, NERC - 2015)

Desenvolvimento Humano

Gráfico 2.2 - Tendência do IDH da Serra Leoa de 2000 até à data

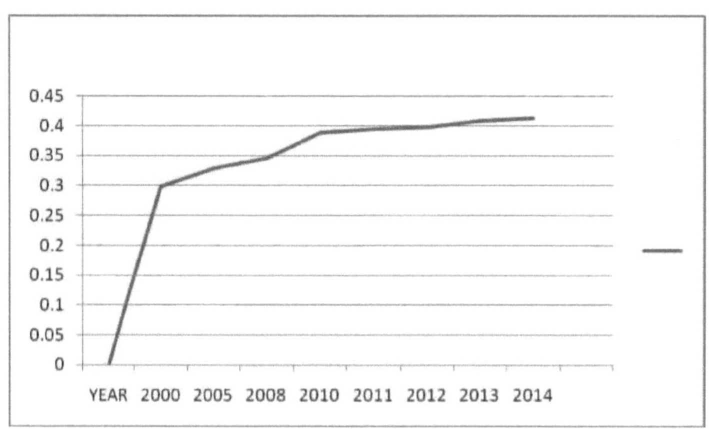

Fonte - Derivado do quadro 2.8 acima

2.3 ALGUMAS LITERATURAS RELACIONADAS COM O DESENVOLVIMENTO - A literatura sobre o desenvolvimento nos últimos dois séculos evoluiu de forma notável. Esta transição tem mais a ver com as novas questões que foram surgindo ao longo do tempo do que com a disposição dos escritores célebres ou dos profissionais do desenvolvimento. Para estes autores, o desenvolvimento tem significado coisas diferentes em situações diferentes e foi este conceito de desenvolvimento que levou à classificação do mundo em países desenvolvidos e países em desenvolvimento. Outros ramos destas classificações incluem os países recentemente industrializados, as economias em transição, as economias frágeis, etc. Por conseguinte, nenhuma área da economia sofreu tantas mudanças abruptas ao longo destes períodos como a disciplina do Desenvolvimento Económico; e essas mudanças ocorreram "*em resultado da aprendizagem, das mudanças ideológicas, dos movimentos do ambiente internacional, bem como das mudanças nas instituições, restrições e aspirações nacionais*" (Adelmann, 2001)

Inicialmente, o desenvolvimento era definido em termos estritamente económicos como "*a capacidade de uma economia para gerar o seu PNB e manter esse aumento a taxas de 5% e 7%*" (Todaro e Smith, 2003). A industrialização era a tónica das teorias de crescimento macroeconómico de Harrod-Domar, Solow e The New Growth, que sublinhavam a ênfase de Joseph Schumpeter nas "*inovações*".[12] A crença era de que isso estimularia o

12. Para mais informações, ver "Frontiers of Development Economics", editado por G. M. Meier e J. E. Stiglitz e publicado em 2001

desenvolvimento rápido na maioria dos países.

No entanto, como essas taxas de crescimento do PNB (PIB) não provocaram as mudanças necessárias na vida das pessoas na maioria desses países, a *"redistribuição a partir do crescimento"* passou a ser o centro das atenções e Dudley Seers acertou em cheio ao questionar o impacto dessas taxas de crescimento na pobreza, na desigualdade e no desemprego (Todaro e Smith, 2003). Seers reiterou que esse impacto deveria refletir-se positivamente na vida das pessoas, mas não deveria ser considerado desenvolvimento, se alguma destas *"questões"* não produzisse os resultados desejados. Com isto, Dudley Seers deu uma visão sobre o que tem sido geralmente referido como *"A Nova Visão do Desenvolvimento"*, mas que o autor irá referir como *"As Questões do Tripé do Desenvolvimento"*.

Na década de 1990, o PNUD, no seu Relatório sobre o Desenvolvimento Humano, definiu o Desenvolvimento não só como *"melhorias na qualidade de vida das pessoas"*, mas também como algo que *"alargará as suas escolhas"* (PNUD, 2014). Em publicações subsequentes, o PNUD definiu o desenvolvimento em vários aspetos, mas todos apontando para a melhoria do bem-estar das pessoas em todo o mundo. O seu Relatório RDH de 2015 definiu o desenvolvimento como *"a capacidade de os países proporcionarem trabalho digno, mas com oportunidades de trabalho flexíveis que enriquecerão as vidas dos seres humanos em todo o planeta Terra"* (PNUD, 2015). Para alcançar tal feito, o PNUD defendeu que é necessária a formulação de políticas e estratégias em 3 áreas importantes - criar oportunidades de trabalho, garantir o bem-estar dos trabalhadores e desenvolver acções específicas (PNUD, 2015).

Este desenvolvimento foi amplamente aperfeiçoado e levado a um novo nível por Amartya

Sen que definiu explicitamente o desenvolvimento como *"liberdade"*. Afirmou claramente que *"o desenvolvimento tem mais a ver com a melhoria das vidas que estamos a viver e com as liberdades associadas de que desfrutamos"* (Sen, 2001). No entanto, para que isto se concretize, Sen mencionou toda uma série de questões/condições, incluindo o papel da democracia (liberdade política), a segurança económica, a oferta de oportunidades sociais, a eficácia das instituições, etc. Por conseguinte, o papel central da liberdade diz respeito aos diferentes tipos de direitos, oportunidades e prerrogativas que contribuem para a expansão da liberdade humana em geral e, consequentemente, para o desenvolvimento económico em particular.

Sen argumentou de forma convincente que a *"capacidade de funcionar"* em tudo isto *"é o que realmente importa para um Estado, bem como para os indivíduos (pobres ou não pobres)*" (Sen, 2001). O "*uso*" que se dá a essas coisas chama-se "*funcionamento*" e sublinha o facto de que "*o que interessa a um indivíduo ou a um Estado não são as coisas que possui ou os sentimentos que elas proporcionam, mas sim o que um Estado ou uma pessoa é e pode fazer com essas coisas*". No final, reafirmou que "*a pobreza é uma* questão de *privação de capacidades*" e que o PNUD tem vindo a utilizá-la na produção dos seus RDH. Ao discutir "*The spread of Economic Prosperity*", Sachs (2005) explicou que a chave para a prosperidade económica das nações nos tempos modernos não é a transferência do rendimento mundial de uma região para outra (pela força ou de outra forma), mas sim o aumento global do rendimento mundial, embora a um ritmo diferente nas diferentes regiões. Reiterou que a tecnologia tem sido a principal força motriz e que, por isso, tem levado as nações a alcançar aumentos longos e sem precedentes na produção total a níveis nunca antes vistos, enquanto outras nações infelizmente estagnaram. Esta questão sobre a importância da "*tecnologia no crescimento*" foi também referida pelo FMI na sua publicação sobre "*Smart Technology Taking Flight and the Growth Conundrum*" (ver as edições de setembro de 2016 e março de 2017 de F e D, FMI)

[st]Além disso, a literatura sobre o desenvolvimento foi ainda mais enriquecida com a adoção dos 8 ODM no início do século XXI pelos líderes mundiais na Assembleia Geral das Nações Unidas, que foram agora transformados nos 17 ODS que devem ser implementados por todos os países (através do alinhamento com os documentos de desenvolvimento) até 2030.

Para resumir o "*debate sobre o desenvolvimento*", os peritos definiram-no como "*um processo com uma dimensão multilateral que revela mudanças visíveis em todo o espetro - estruturas sociais, sectores, atitudes, instituições nacionais - combinadas com um processo de crescimento económico sustentado que deve não só reduzir a pobreza, a desigualdade e o desemprego nos países em desenvolvimento, mas sobretudo reforçar a liberdade das pessoas em qualquer parte do mundo para escolherem e fazerem o que quiserem*".

Neste contexto, as sociedades (e mais ainda os seus governos) devem assegurar uma vida melhor e mais humana a todos os seus cidadãos, de acordo com o que foi referido como os três valores *fundamentais* do desenvolvimento - i) sustento, que é a capacidade de satisfazer as necessidades básicas e inclui alimentação, abrigo, saúde e vestuário; ii) a autoestima, que é um sentimento de valor e de respeito por si próprio e de não ser utilizado como um instrumento por outros para os seus próprios fins; e iii) a liberdade da servidão, que é a capacidade de os indivíduos poderem escolher entre um vasto leque de questões e de se libertarem não só de crenças ou tradições dogmáticas, mas também de outras formas de ignorância.

De um modo geral, os três objectivos fundamentais do desenvolvimento continuarão a ser: a capacidade de os países i) aumentarem a disponibilidade e alargarem a distribuição dos bens básicos de subsistência, como a alimentação, a habitação, a saúde e a proteção; ii) aumentarem os níveis de vida através de rendimentos mais elevados, da criação de emprego e de melhores estruturas educativas que promovam a autoestima nacional; e iii) alargarem o leque de escolhas económicas e sociais disponíveis para os indivíduos, o que deverá contribuir para aumentar a sua liberdade (Todaro e Smith, 2003).

Em conclusão, o desenvolvimento não será significativo sem reduções drásticas da pobreza em todo o mundo e, para o conseguir, Sachs (2005) explica que é necessário um compromisso genuíno para acabar com ela através de esforços concertados por parte do mundo desenvolvido, da adoção de um plano de ação forte (evidenciado nos actuais ODS), da criação de oportunidades para fazer ouvir as vozes dos pobres, da reestruturação das Nações Unidas e da promoção da iniciativa de desenvolvimento sustentável

CAPÍTULO 3 - ANÁLISE DOS SECTORES/ÁREAS DO LADO NEGRO DO DESENVOLVIMENTO DA SERRA LEOA NO SÉCULO 21ST .

3.1 INTRODUÇÃO - Este capítulo apresentará uma visão geral do *"entendimento/significado"* de desenvolvimento, tal como revelado nas respostas, juntamente com as áreas/sectores com que os serra-leoneses não estão satisfeitos e as razões para essa insatisfação. O grau de *"seriedade"* destas áreas/sectores no processo de desenvolvimento do país será então discutido, seguido de explicações e interpretações subsequentes. O relatório termina com uma avaliação geral da trajetória de desenvolvimento do país desde 2000.

3.2 O SIGNIFICADO DE DESENVOLVIMENTO NA SERRA LEOA - Para muitos serra-leoneses, o desenvolvimento, tal como indicado na Caixa 3.1, significa *"algo"* absolutamente diferente. Considere-se as seguintes definições, que vão desde a perspetiva de um *"Okada rider"* comum a um Ward Councilor; de um estudante promissor numa instituição terciária a um empreiteiro; de um simples comerciante na Sani Abacha Street, no Central Business District de Freetown, a uma corajosa enfermeira num hospital público, etc:

Caixa 3.1 - Uma visão geral do significado de desenvolvimento para os serra-leoneses

Definição 1 (D1) - *"Um país é desenvolvido quando a maioria dos jovens está a trabalhar; há uma distribuição equitativa da riqueza; e justiça igual para todos"*. Mohamed Fofana, estudante, 24 anos

D2 - *"Quando o país é fácil e todos estão satisfeitos; há boas estradas, eletricidade e emprego para todos"*. Hawa Swarray Kallon, dona de casa, 42 anos

D3 - *"O desenvolvimento num determinado país, na minha opinião, não tem a ver com o negócio de um homem só; significa também uma boa afetação de recursos"*. Morlai Kamara, comerciante, 45 anos

D4 - *"Desenvolvimento é quando a maioria da população tem um emprego/trabalho estável, do qual obtém rendimentos, tem acesso a cuidados de saúde de qualidade, educação de qualidade, abastecimento de água potável, uma boa segurança e um bom sistema judicial"*. Ibrahim Abubakar Bah, estudante, 24 anos

D5 - *"Desenvolvimento é quando sou capaz de obter o máximo de rendimento para poder cuidar da minha família e proporcionar-lhes uma educação de qualidade"*. Abdulai Kondeh, Wilberforce, 35 anos

D6 - *"O desenvolvimento ocorre quando há uma melhoria do nível de vida de toda a população de um país e também quando todos gozam de igualdade de oportunidades".* Isaac Lahai, Trader. 52

D7 - *"Para mim, desenvolvimento significa quando os cidadãos de um país têm liberdade de expressão e o fosso entre ricos e pobres diminui; e a transformação para a industrialização".* Abubakarr Sesay, estudante, 34 anos

D8 - *"O desenvolvimento é uma situação em que as receitas dos recursos naturais e os fundos de cooperação internacional são utilizados de forma equitativa em todo o país, sem discriminação e desigualdade".* Alpha Kanu, Conselheiro Distrital, Distrito de Bombali, 47 anos

D9 - *"Desenvolvimento significa simplesmente a melhoria da comunidade ou do país como um todo, sem discriminação ou desigualdade".* Alie Sesay, cavaleiro de Okada, 36 anos

D10 - *"Desenvolvimento significa quando os recursos do país são distribuídos entre as pessoas para aliviar a sua pobreza".* Rugiatu Sesay, Enfermeiro, 29 anos

D11 - *"O desenvolvimento é, na verdade, garantir que as pessoas estão a satisfazer as suas necessidades básicas e assegurar que essas pessoas estão a usufruir adequadamente dessas facilidades. Também ter acesso igual às instituições financeiras e uma democracia melhor.* Konima Borbor Kamara, assistente social (OXFAM), 45 anos

D12 - *"Desenvolvimento é quando o negócio flui e temos passageiros suficientes, o que, por sua vez, leva a um aumento das nossas ajudas de custo diárias".* Sulaimman Amadu Jalloh, condutor de Okada, 34 anos

D13 - *O desenvolvimento engloba a promoção do bem-estar dos cidadãos com esperanças de progresso futuro, juntamente com a autoestima e a satisfação".* Samuel J Braima, Professor Sénior, Departamento de Economia e Comércio, Fourah Bay College.

D14 - *"Desenvolvimento significa quando se consegue o seguinte numa economia - boas estradas, emprego, bom abastecimento de água, eletricidade, comida suficiente para todos os cidadãos e, finalmente, quando há unidade".* Sallieu Sesay, empreiteiro, 36 anos

D15 - *"Desenvolvimento é obter o máximo de lucro todos os dias para se alimentar a si próprio e à sua família".* Patricia Sesay, empresária, Rua Sani Abacha, 45 anos

D16 - *"Desenvolvimento é quando toda a gente é educada num país e vive uma vida melhor".* Mohamed Conteh, encarregado de educação, 29 anos

D17 - *"Desenvolvimento significa quando as pessoas têm emprego para terem dinheiro e*

> *conseguirem o que querem. Terão também respeito nas suas comunidades.*
> *Desenvolvimento também significa comida, água e eletricidade suficientes".* Ramatu M
> Bangura, enfermeira, 25 anos.

Estas definições indicam, de facto, que o desenvolvimento é um *"processo multidimensional"* com vários objectivos a atingir no final do dia - rendimentos elevados, oportunidades de emprego, especialmente para os jovens, educação, um bom sistema de saúde, etc. Simplificando, os serra-leoneses não se preocupam apenas com as suas necessidades básicas, mas também com o grau de respeito/dignidade (PNUD 2016), a sua liberdade política expressa na democracia (Sen, 2001), a discriminação e a desigualdade, o funcionamento do sistema judicial (Sen, 2001) e o grau de unidade do país.

3.3 SECTORES/ÁREAS E OPINIÃO SOBRE A DEFINIÇÃO DO LADO NEGRO A partir da investigação, os inquiridos identificaram um total de 24 sectores/áreas, que incluem os seguintes Terras e Habitação, Turismo e Cultura, Comércio, incluindo a construção de mercados, Pescas e Marinha, Corrupção, Informação e Comunicações, Ambiente, Desporto, Administração Local, Assistência Social, Desemprego, Transportes, Economia, Problema de Atitude, Democracia, Instituições, incluindo a Segurança, especialmente a Polícia, Infra-estruturas e, especificamente, a construção de estradas, Justiça e, especificamente, o poder judicial, Agricultura, Saúde e Saneamento, Educação, Abastecimento de Água, Eletricidade e Minas.

[st]Do número total de pessoas entrevistadas, 98,6% concordaram (como indicado no Apêndice 1) com a definição do *'lado negro'* do desenvolvimento da Serra Leoa como significando *"áreas/sectores em que não foram feitas melhorias significativas na vida das pessoas no século XXI"*. Por outras palavras, essas melhorias não transformaram nem tocaram a vida da maioria dos serra-leoneses no país. Isto implica que a maioria dos inquiridos aceitou que os sectores/áreas por eles mencionados não mudaram a vida da maioria dos serra-leoneses e devem, portanto, ser descritos como *"o lado negro"*.

Além disso, apenas 1% dos inquiridos indicou que *"não sabe dizer"* se esta definição de *"lado negro"* é adequada, enquanto apenas um indivíduo não concordou com a definição. De qualquer modo, isto representa apenas uma percentagem dos inquiridos.

Para concluir, e tal como indicado no quadro 3.1 abaixo, uma esmagadora maioria dos inquiridos concordou que, de facto, esta definição de *"lado negro"* é adequada para descrever a dimensão do desenvolvimento da Serra Leoa entre 2000 e 2016.

Tab e 3.1 - Resumo dos inquiridos que concordam com a definição de *"lado negro"*

TIPO DE RESPOSTA	NÚMERO DE RESPOSTAS (FREQUÊNCIA)	PERCENTAGEM (%)
Sim	365	98.6
Não	1	0.3
Não sei dizer	4	1.11
TOTAL	370	100

Fonte - Compilado a partir da informação contida no Anexo 1.

3.4 DESSATISFAÇÃO COM OS SECTORES/ÁREAS DO LADO ESCURO - Sem mencionar especificamente nenhum dos 24 sectores/áreas acima referidos, os inquiridos apresentaram um compêndio de razões para a sua insatisfação, tal como apresentado a seguir:

i) Nos últimos anos, os governos não tiveram em devida consideração estes sectores/áreas.

ii) A falta de água potável em todo o país manifestou-se em longas filas de espera em Freetown e em crianças que acordavam de manhã muito cedo para ir buscar água.

iii) As estradas não foram construídas corretamente, o que é evidenciado pelas inundações que ocorrem por todo o lado durante a estação das chuvas

iv) A educação é muito cara, o sistema 6-3-4-4 está podre, o material didático e pedagógico é inadequado, são concedidas bolsas de estudo aos seus próprios filhos enquanto os pobres sofrem.

v) Dificuldades de transporte que tornam muito difícil a deslocação de um local para outro.

vi) Falta de confiança no sistema judicial, uma vez que o sistema é seletivo e tendencioso.

vii) As autoridades/líderes alteram as leis a seu favor e à sua vontade.

viii) Uso indevido do poder, pessoas erradas em altos cargos, tribalismo desenfreado associado ao regionalismo e ao seccionalismo.

ix) Custo de vida elevado que conduz a dificuldades económicas, preços elevados (sem controlo dos preços), moeda fraca (Leone) em relação ao dólar.

x) Elevada corrupção nos serviços públicos, falta de transparência e de responsabilidade a todos os níveis.

xi) Intimidação policial e detenções arbitrárias; as manifestações não são permitidas e não há liberdade de expressão

xii) Falta de planeamento adequado em todos os sectores.

xiii) Instalações de saúde deficientes no país, falta de pessoal de saúde qualificado, mulheres que morrem todos os dias ao dar à luz, elevado número de gravidezes na adolescência.

xiv) Uma má gestão macroeconómica e o chamado crescimento não inclusivo, uma vez que os benefícios não se estendem a todos. Estes sectores não tiveram um impacto positivo na vida dos serra-leoneses.

xv) Há demasiada interferência política a todos os níveis e a Constituição não é respeitada.

xvi) Não há oportunidades de emprego (se não se tiver uma ligação forte) e há demasiados licenciados sem emprego, falta de oportunidades para os jovens.

xvii) Inexistência de um programa agrícola sério no país e de uma política agrícola coerente, práticas agrícolas deficientes que conduzem a uma fome e a uma subnutrição graves no país.

xviii) O processo de descentralização é demasiado lento.

xix) Falta de independência das instituições, uma vez que todas parecem receber "*ordens de cima*".

xx) Falta de moral e de valores fortes nas nossas instituições e no nosso sistema. Por exemplo, a polícia prende-nos frequentemente e nós damos-lhes as nossas pequenas poupanças para sermos libertados.

xxi) Prestação deficiente de serviços e demasiadas lutas internas entre os MDA, demasiadas peças quadradas em buracos redondos.

xxii) A má governação, como todo o sistema, é demasiado má.

xxiii) Não existe um sistema adequado de recolha de lixo

xxiv) Dependência excessiva dos outros para o nosso próprio desenvolvimento.

Esta insatisfação com o "*lado negro*" e a sua subsequente aceitação da "*definição*" foi resumida por um inquirido como indicado na Caixa 3.2 abaixo:

Caixa 3.2 - A visão de um serra-leonês sobre o lado negro do desenvolvimento do país
"*Não estou satisfeito nem feliz com os sectores que identifiquei porque houve muito pouco*

(e em alguns sectores nenhum desenvolvimento significativo) durante este período. O nível de educação baixou ao longo dos anos, a corrupção está patente em todo o lado, uma grande percentagem dos nossos jovens, incluindo os licenciados, vagueia pelas ruas sem emprego, o município de Freetown tresanda a sujidade, as coisas estão difíceis, etc.".

Morie Saffa, professora (Escola Secundária de Santa Helena,
Freetown, 46 anos).

3.5 A "*SERIEDADE*" DOS SECTORES/ÁREAS DO LADO NEGRO DO DESENVOLVIMENTO DA SERRA LEOA

3.5.1 A DIMENSÃO DESTA "GRAVIDADE": Este aspeto explicará a "*gravidade*" ou o aspeto "*crítico*" dos sectores/áreas no lado negro do desenvolvimento do país em termos de "*muito grave*", "*muito grave*" e "*grave*". Por conseguinte, será aqui apresentada a dimensão da "*gravidade*" destes sectores/áreas, tal como indicado no quadro 3.2:

i)　Quanto ao sector do Território e da Habitação, 7 das 370 pessoas entrevistadas (7/370) indicaram que se trata de uma preocupação "muito *séria*" e que não se registaram melhorias significativas desde 2000; 6 indicaram que se trata de uma preocupação "muito séria", enquanto 19 indicaram que se trata de uma preocupação "séria". Isto significa que apenas 2% do total dos inquiridos indicaram este sector como uma preocupação "muito grave" e "muito grave", enquanto apenas 5% o indicaram como "grave".

ii)　Do mesmo modo, 6/370 indicaram o sector do Turismo e da Cultura como uma preocupação "muito grave", 5 "muito grave" e 26 "grave". Isto representa 2%, 1% e 7%, respetivamente, do total de inquiridos.

iii)　Relativamente ao comércio, apenas 4 pessoas indicaram que se tratava de uma preocupação "muito grave", 10 de uma preocupação "muito grave" e 27 de uma preocupação "grave". Isto representa, respetivamente, 1%, 3% e 8% das 370 pessoas entrevistadas.

iv)　Relativamente ao sector das Pescas e do Mar, 4 pessoas manifestaram ser uma preocupação "muito grave", 6 "muito grave" e 13 "grave". Isto representa, respetivamente, 1%, 2% e 4% do total de inquiridos.

v)　13 pessoas indicaram que a corrupção é uma preocupação "muito grave", 7 "muito grave" e 6 "grave". Isto representa 4% para os "muito graves" e 2% (tanto para os "muito graves" como para os "graves") do total dos inquiridos.

vi)　Apenas 2 pessoas indicaram o sector da informação e das comunicações como uma preocupação "muito grave" e "muito grave", respetivamente, enquanto 20 o indicaram como uma preocupação "grave". Isto mostra que apenas 5% dos inquiridos o consideram "grave".

vii)   O ambiente foi considerado apenas por um indivíduo como uma preocupação "muito grave" e "muito grave", respetivamente, sem que ninguém o tenha considerado uma preocupação "grave". A percentagem não tem qualquer significado.

viii)   9 pessoas indicaram o desporto como uma preocupação "muito grave" e "muito grave", respetivamente, enquanto 33 o indicaram como uma preocupação "grave". Assim, 2% dos inquiridos consideraram-na simultaneamente "muito grave" e "muito grave", enquanto 9% a consideraram "grave".

ix)   Relativamente à administração local, apenas um indivíduo a considerou uma preocupação "muito grave", 2 "muito grave" e 10 "grave". Revela que apenas 3% dos inquiridos o consideraram um sector "grave".

x)   Apenas 2 pessoas consideraram a assistência social como uma preocupação "muito grave", 4 "muito grave" e 13 "grave". A percentagem não tem significado em termos de "muito grave", mas 1% e 4% para "muito grave" e "grave", respetivamente, do total dos inquiridos.

xi)   32 pessoas consideraram o desemprego uma preocupação "muito grave", 24 "muito grave" e 28 "grave". Isto representa 9%, 6% e 8%, respetivamente, do total de inquiridos.

xii)   Apenas um indivíduo considerou o transporte como uma preocupação "muito grave", 7 "muito grave" e 40 "grave". Isto representa 2% e 12% dos inquiridos em termos de "muito grave" e "grave", respetivamente.

xiii)   No domínio da economia, 29 pessoas consideraram que se tratava de uma preocupação "muito grave", 16 "muito grave" e 36 "grave". Isto representa 8%, 4% e 10%, respetivamente, do total de inquiridos.

xiv)   Apenas um indivíduo indicou o Problema de Atitude como uma preocupação "muito grave" e ninguém o considerou "muito grave" ou "grave". A percentagem em relação ao total de inquiridos não tem significado.

xv)   Em Democracia, 11 pessoas indicaram que se tratava de uma preocupação "muito grave" e "muito grave", respetivamente, enquanto 18 indicaram que era "grave". Isto representa 3% do total de inquiridos para as categorias "muito grave" e "muito grave" e 5% para a categoria "grave".

xvi)   3 pessoas consideraram as instituições como uma preocupação "muito grave", 16 "muito grave" e 26 "grave". Isto representa, respetivamente, 1%, 4% e 7% do total dos inquiridos.

xvii) No domínio das infra-estruturas, 2 pessoas indicaram que se tratava de uma "preocupação muito grave", 6 "muito grave" e 45 "grave". Isto representa 2%, 6% e 12%, respetivamente, do total de inquiridos.

xviii) 24 indicaram o sector/área da Justiça como uma preocupação "muito grave", 18 disseram que era uma área "muito grave" e 38 indicaram que era "grave". Isto representa 6%, 5% e 10%, respetivamente, do total de inquiridos.

xix) Relativamente à agricultura, 48 pessoas indicaram que se tratava de uma preocupação "muito grave", 60 "muito grave" e 91 "grave". Isto representa 13%, 16% e 25%, respetivamente, do total de inquiridos.

xx)   No que respeita à saúde e ao saneamento, 85 pessoas consideraram que se tratava de uma preocupação "muito grave", 71 "muito grave" e 72 "grave". Isto representa 23% do total de inquiridos para a categoria "muito grave" e 19% para as categorias "muito grave" e "grave", respetivamente.

xxi) No domínio da educação, 159 pessoas consideraram que se tratava de uma preocupação "muito grave", 88 consideraram-na "muito grave" e 54 "grave". Isto representa 43%, 24% e 15%, respetivamente, do total de inquiridos.

xxii) 33 pessoas indicaram o sector do abastecimento de água como uma preocupação "muito grave", 35 consideraram-no "muito grave" e 37 como "grave". Isto representa 9% do total de inquiridos para "muito grave" e "muito grave", respetivamente; e 10% para "grave".

xxiii) Para o sector da eletricidade, 19 pessoas consideraram-na uma preocupação "muito grave"; 28 como "muito grave" e 78 como "grave". Isto representa 5%, 8% e 21%, respetivamente, do total de inquiridos.

xxiv) Quanto ao sector mineiro, 5 pessoas consideraram-no uma preocupação "muito grave", 7 "muito grave" e 29 "grave". Isto representa cerca de 1%, 2% e 8%, respetivamente, do total dos inquiridos.

Estas explicações foram resumidas no quadro 3.2 abaixo:

Quadro 3.2- Apresentação sobre a extensão da "*gravidade*" da preocupação expressa pelos serra-leoneses nas áreas/sectores do Lado Negro do Desenvolvimento da Serra Leoa e respectiva percentagem.

ÁREA/SECTOR EM CAUSA	MUITO, MUITO MUITO GRAVE	MUITO SÉRIO	SÉRIO	PERCENTAGEM TOTAL	PERCENTAGEM MÉDIA
Terras e habitação	7 (2%)	6 (2%)	19 (5%)	9%	3%
Turismo e cultura	6 (2%)	5 (1%)	26 (7%)	10%	3.3%
Comércio	4 (1%)	10 (3%)	27 (8%)	12%	4%
Pesca e marinha	4 (1%)	6 (2%)	13 (4%)	7%	2.3%
Corrupção	13 (4%)	7 (2%)	6 (2%)	8%	2.6%
Informação e comunicação	2 (0%)	2 (0%)	20 (5%)	5%	1.6%
Ambiente	1 (0%)	1 (0%)	0 (0%)	0%	0%
Desporto	9 (2%)	9 (2%)	33 (9%)	13%	4.3%
Administração local	1 (0%)	2 (0%)	10 (3%)	3%	1%
Assistência social	2 (0%)	4 (1%)	13 (4%)	5%	1.6%
Desemprego	32 (9%)	24 (6%)	28 (8%)	23%	7.6%
Transporte	1 (0%)	7 (2%)	40 (12%)	14%	4.6%
Economia	29 (8%)	16 (4%)	36 (10%)	22%	7.3%
Problema de atitude	1 (0%)	0 (0%)	0 (0%)	0%	0%
Democracia	11 (3%)	11 (3%)	18 (5%)	11%	3.6%
Instituições (Polícia/Segurança)	3 (1%)	16 (4%)	26 (7%)	12%	4%
Infra-estruturas (estradas)	8 (2%)	21 (6%)	45 (12%)	20%	6.6%
Justiça (Poder Judiciário)	24 (6%)	18 (5%)	38 (10%)	21%	7%
Agricultura	48 (13%)	60 (16%)	91 (25%	54%	18%

				-29		
Saúde e saneamento	85 (23%)	71 (19%)	72 (19%)	61%	20.3%
Educação	159 (43%)	88 (24%)	54 (15%)	82%	27.3%
Abastecimento de água	33 (9%)	35 (9%)	37 (10%)	28%	9.3%
Eletricidade	19 (5%)	28 (8%)	78 (21%)	34%	11.3%
Exploração mineira	5 (1%)	7 (2%)	29 (8%)	11%	3.6%

Fonte - Compilado a partir das informações obtidas no questionário administrado.

3.5.2 AS CLASSIFICAÇÕES DESTAS "GRAVIDADES": Aqui, a "gravidade" dos sectores, tal como explicado na secção anterior, será classificada em relação aos 3 tipos diferentes de "gravidade". Por conseguinte, quanto maior for o número de pessoas que expressam *"preocupação"* com um *"tipo específico de gravidade"*, mais elevada é a *"classificação"* desse sector/área. Isto indica que existe uma correlação direta entre o grau de *"gravidade"* da preocupação com esse sector/área e a sua eventual *"classificação"* ou *"posição"*.

Por conseguinte, foram efectuadas as análises que se seguem, tal como evidenciado no quadro 3.3.

Assim:

i)   Sobre o carácter *"muito grave"* da preocupação com estes sectores/áreas -

a)   A educação foi classificada em primeiro lugar (1), por ter 43% do total de inquiridos.

b)   A saúde e o saneamento básico surgem em segundo lugar (2), com 23% do total de inquiridos.

c)   A agricultura surge em terceiro lugar (3) com 13% do total de inquiridos.

d)   O Abastecimento de Água e o Desemprego empataram em termos de percentagem e, por conseguinte, receberam a mesma classificação (quarto - 4), embora o Abastecimento de Água tenha tido uma frequência ligeiramente superior de 33 contra 32 do Desemprego.

e)   A Economia é a sexta (6) com 8% dos inquiridos.

f)   A justiça ocupa o sétimo lugar (7) com 6% dos inquiridos.

g)   A eletricidade surge em oitavo lugar (8) com 5% dos inquiridos.

h)   A corrupção surge em nono lugar (9), com 4% dos inquiridos.

i)	A democracia surge em décimo lugar (10) com 3% dos inquiridos.

j)	Desporto; Infra-estruturas; Território e Habitação e Turismo e Cultura estavam todos empatados com a mesma percentagem de 2 (quando arredondados para o número mais próximo) e, por conseguinte, receberam a mesma classificação de décimo primeiro (11), embora com frequências ligeiramente diferentes de 9, 8, 7 e 6, respetivamente.

k)	Do mesmo modo, as minas, o comércio, as pescas e a marinha e as instituições tiveram uma percentagem (1%) do total de inquiridos e, por conseguinte, receberam a mesma classificação (décimo quinto - 15), embora com frequências ligeiramente diferentes.

l)	Informação e Comunicações; Assistência Social; Transportes; Administração Local; Ambiente e Problema Atitudinal não apresentaram qualquer percentagem (0%) em termos do total de inquiridos e, por conseguinte, foram todos classificados da mesma forma (décimo nono - 19). No entanto, as diferentes frequências não alteraram o panorama.

ii)	Relativamente ao ângulo "*muito grave*", verificaram-se as seguintes classificações:

a)	A educação, a saúde e o saneamento e a agricultura foram novamente classificados em primeiro (1), segundo (2) e terceiro (3) lugares, respetivamente, por receberem o maior número de inquiridos, 24%, 19% e 16%, respetivamente.

b)	O abastecimento de água manteve a sua quarta posição (4) e a eletricidade ficou, desta vez, em quinto lugar (5), com 9% e 8% dos inquiridos, respetivamente.

c)	O Desemprego e as Infra-estruturas ficaram empatados em sexto (6), porque tinham a mesma percentagem do total de inquiridos, embora com frequências ligeiramente diferentes.

d)	A justiça surge em oitavo lugar (8) com 5% do total de inquiridos

e)	A Economia e as Instituições ficaram em nono lugar (9) e tiveram a mesma percentagem (4%) do total de inquiridos.

f)	O Comércio e a Democracia estão empatados em décimo primeiro lugar (11), com igual percentagem de 3% do total de inquiridos

g)	Terras e habitação; Pescas e marinha; Corrupção; Desportos; Transportes e minas ficaram empatados em décimo terceiro lugar (13) com apenas 2% do total de inquiridos.

h)	Turismo e Cultura; e Assistência Social ficaram em décimo nono (19) lugar, com igual percentagem de 1% do total de inquiridos.

i)	Informação e Comunicações; Ambiente; Administração Local e Problema de Atitude partilham o último lugar do ranking (vigésimo primeiro - 21) sem qualquer percentagem significativa em relação ao total de inquiridos.

iii)   No plano "*sério*", foram deduzidas as seguintes classificações:

a)   A Agricultura; a Eletricidade; a Saúde e Saneamento; e a Educação ficaram em primeiro, segundo, terceiro e quarto lugares, respetivamente, por terem a maior percentagem do total de inquiridos, 25%, 21%, 19% e 15%, respetivamente.

b)   Transportes e Infra-estruturas estão empatados em quinto lugar (5), com a mesma percentagem do total de inquiridos (12%), embora as frequências sejam um pouco diferentes.

c)   A Justiça, o Abastecimento de Água e a Economia ficaram todos em sétimo lugar (7), com a mesma percentagem de inquiridos, 10%, embora com ligeiras variações nas frequências.

d)   O desporto é o décimo (10) com 9% do total de inquiridos.

e)   O Comércio, a Indústria Extractiva e o Desemprego ficaram em décimo primeiro lugar (11), com 8% do total de inquiridos.

f)   Turismo e Cultura; e Instituições ficaram empatados em décimo quarto lugar (14) com os mesmos 7% do total de inquiridos.

g)   Democracia, Informação e Comunicações, e Terras e Habitação ficaram em décimo sexto lugar (16) com 5% do total de inquiridos.

h)   As Pescas e o Mar e Bem-Estar Social, com a mesma percentagem do total de inquiridos (4%), ficaram em décimo nono lugar (19).

i)   A administração local é a vigésima primeira (21) com 3% do total de inquiridos.

j)   A corrupção ocupa o vigésimo segundo lugar (22) com 2% do total de inquiridos.

k)   O Ambiente e o Problema de Atitude foram vinte e três (23) com uma contribuição insignificante para o total de inquiridos.

Estas explicações são apresentadas no quadro 3.3 infra

Tabela 3.3 - Classificações da "*percentagem de gravidade*" da "*preocupação*" das respostas para os vários sectores/áreas (do primeiro ao vigésimo quarto, 1- 24)

ÁREA/SECTOR EM CAUSA	CLASSIFICAÇÃO MUITO,	CLASSIFICAÇÃO MUITO GRAVE	CLASSIFICAÇÃO SÉRIA

	MUITO GRAVE		
Educação	1	1	4
Saúde e saneamento	2	2	3
Agricultura	3	3	1
Abastecimento de água	4	4	7
Desemprego	4	6	11
Economia	6	9	7
Justiça	7	8	7
Eletricidade	8	5	2
Corrupção	9	13	22
Democracia	10	11	16
Desporto	11	13	10
Infra-estruturas	11	6	5
Terras e habitação	11	13	16
Turismo e Cultura	11	19	14
Exploração mineira	15	13	11
Comércio	15	11	11
Pesca e marinha	15	13	19
Instituições (Polícia/Sec)	15	9	14
Informação e comunicação	19	21	16
Assistência social	19	19	19
Transporte	19	13	5
Administração local	19	21	21
Ambiente	19	21	23
Problema de atitude	19	21	23

Fonte - Compilado a partir da análise do questionário administrado

3.5.3 CLASSIFICAÇÃO FINAL DAS PERCENTAGENS - Aqui, as percentagens "*médias*"

(apresentadas na tabela 3.2 acima) constituirão o foco das "*classificações*" para os vários sectores/áreas. Por outras palavras, quanto mais elevada for a "*percentagem média de gravidade*" da "*preocupação*" para um determinado sector/área, mais crítico é esse sector/área e, consequentemente, mais elevada é a sua "*classificação*". Consideremos as seguintes explicações, apresentadas no quadro 3.4:

a)   Os 24 sectores/áreas foram divididos em dois escalões - o escalão superior (escalão A) e o escalão inferior (escalão B), constituídos por 13 e 11 sectores/áreas, respetivamente.

b)   Os sectores do Rung A foram descritos como *"muito críticos"* em termos do desenvolvimento do país, enquanto os sectores do Rung B são *"críticos"*.

c)   Estes sectores/áreas *"muito críticos"* no Upper Rung (Rung A) incluem a Educação, a Saúde e o Saneamento, a Agricultura, a Eletricidade, o Abastecimento de Água, o Desemprego, a Economia, a Justiça, as Infra-estruturas, os Transportes, o Desporto, as Instituições e o Comércio.

d)   Os sectores/áreas *"críticos"* no Escalão Inferior (Escalão B) incluem a Democracia, as Minas, o Turismo e a Cultura, o Território e a Habitação, a Corrupção, as Pescas e a Marinha, a Segurança Social, a Informação e a Comunicação, a Administração Local, o Ambiente e o Problema de Atitude

e)   No Rung A dos sectores/áreas *"muito críticos"*, a investigação revelou que: →→Educação, Saúde e Saneamento, Agricultura e Eletricidade são os sectores *"mais cruciais"* no *"lado negro"* do desenvolvimento do país, ocupando respetivamente as posições 1st, 2nd, 3rd e 4th.

→→Abastecimento de água, Desemprego, Economia e Justiça são os "mais cruciais" e estão classificados em 5th, 6th, 7th e 8th respetivamente.

→→ Os "de alguma forma cruciais" incluem Infra-estruturas (9th), Transportes (10th), Desporto (11th), Instituições e Comércio empatados em 12th.

f)   No Rung B dos sectores/áreas "críticos", a investigação revelou que: →→ os "cruciais" incluem Democracia e Mineração empatados em 14th posição e Turismo e Cultura (16th) e Terras e Habitação em 17th.

→→Corrupção (18th); Pescas e marinha (19th); Segurança social e Informação e comunicação, empatados em 20th são os "menos cruciais".

→→Na parte inferior e representando os "não cruciais", a Administração Local está classificada em 22nd, enquanto o Ambiente e o Problema de Atitude estão empatados em 23rd.

Quadro 3.4 - Classificação da *"percentagem média de gravidade"* por sector/área no Lado Negro do Desenvolvimento da Serra Leoa.

ÁREA/SECTOR/PREOCUPAÇÃO	MÉDIA % DE GRAVIDADE	CLASSIFICAÇÃO FINAL
Educação	27.3	1
Saúde e saneamento	20.3	2

Agricultura	18	3
Eletricidade	11.3	4
Abastecimento de água	9.3	5
Desemprego	7.6	6
Economia	7.3	7
Justiça	7	8
Infra-estruturas	6.6	9
Transporte	4.6	10
Desporto	4.3	11
Instituições	4	12
Comércio	4	12
Democracia	3.6	14
Exploração mineira	3.6	14
Turismo e Cultura	3.3	16
Terras e habitação	3	17
Corrupção!	2.6	18
Pesca e marinha	2.3	19
Assistência social	1.6	20
Informar e comunicar	1.6	20
Administração local	1	22
Ambiente	0	23
Problema de atitude	0	23

Fonte - Compilado a partir da análise apresentada no quadro 3.2 supra

3.6 AVALIAÇÃO DO DESENVOLVIMENTO DA SERRA LEOA DESDE 2000: A partir das explicações acima, que indicam a classificação dos sectores/áreas em 6 categorias - *"mais crucial, mais crucial, de alguma forma crucial, crucial, menos crucial e não crucial"*; foi feita uma avaliação global do desenvolvimento da Serra Leoa desde 2000 (tal como apresentado no Anexo 1) e resumido no quadro 3.5 abaixo:

i)   8% dos inquiridos (ou seja, 29) avaliaram a trajetória de desenvolvimento do país desde 2000 entre 2% e 10%.

ii)   17% avaliaram o desenvolvimento do país entre 11% e 20%.

iii)   30% avaliaram-no entre 21% e 30%.

iv)   25% avaliaram-no entre 31% e 40%.

v)   Outros 17% deram uma avaliação entre 41% e 50%.

vi)   Apenas 3% fizeram uma avaliação entre 51% e 60%.

vii)   Nenhum inquirido deu uma avaliação superior a 60%.

De um modo geral e utilizando a média como uma medida muito importante da tendência central (ver anexo 1 para cálculos), o desenvolvimento da Serra Leoa entre 2000 e 2016 foi avaliado em 29,1% em média.

Quadro 3.5-Síntese da avaliação do desenvolvimento do país de 2000 a 2016

PERCENTAGEM INTERVALO DE AVALIAÇÃO	FREQUÊNCIA	CONTRIBUIÇÃO PERCENTUAL
0-10	29	7.8% (8%)
11-20	62	16.8% (17%)
21-30	113	30.5% (30%)
31-40	91	24.6% (25%)
41-50	62	16.8% (17%)
51-60	13	3.5% (3%)
TOTAL	370	100% (100%)

Fonte = Compilado do Apêndice 1

Representando o desenvolvimento da Serra Leoa numa escala percentual entre O% e 100%, em que

i) 81% a 100% → desenvolvimento muito encorajador ou muito impressionante = excelente;

ii) 61% a 80% → desenvolvimento encorajador ou impressionante = muito bom;

iii) 41% a 60% → desenvolvimento de alguma forma encorajador ou de alguma forma impressionante = bom;

iv) 21% a 40% → desenvolvimento menos encorajador ou menos impressionante = fraco;

v) 0% a 20% → desenvolvimento pouco encorajador ou inexpressivo = mau;

foi feita a seguinte apresentação, tal como reflectida no quadro 3.6 supra;

Quadro 3.6 - Avaliação do desenvolvimento da Serra Leoa

INTERVALO DE AVALIAÇÃO PERCENTUAL	NÚMERO DE PESSOAS (FREQUÊNCIA)	PERCENTAGEM DE PESSOAS ENTREVISTADAS
0% - 20%	91	25%
21% - 40%	204	55%

41% - 60%	75	20%
61% - 80%	0	0%
81% - 100%	0	0%
TOTAL	**370**	**100%**

Fonte - Compilado a partir do Apêndice 1

A partir do quadro de avaliação acima, o desenvolvimento da Serra Leoa (de 2000 a 2016) varia entre *"pouco encorajador ou inexpressivo"* e *"de algum modo encorajador ou impressionante"*. Daqui se pode deduzir o seguinte:

i) Nenhum inquirido considerou o desenvolvimento do país como *"encorajador"* ou *"muito encorajador"*.

ii) 20% dos serra-leoneses consideram o desenvolvimento do país *"de alguma forma encorajador"* e, por conseguinte, *"bom"*

iii) 25% consideraram-no *"nada encorajador"* e, por conseguinte, *"mau"*

iv) 55% dos serra-leoneses consideraram-no *"pouco encorajador"* e, por conseguinte, *"pobre"*

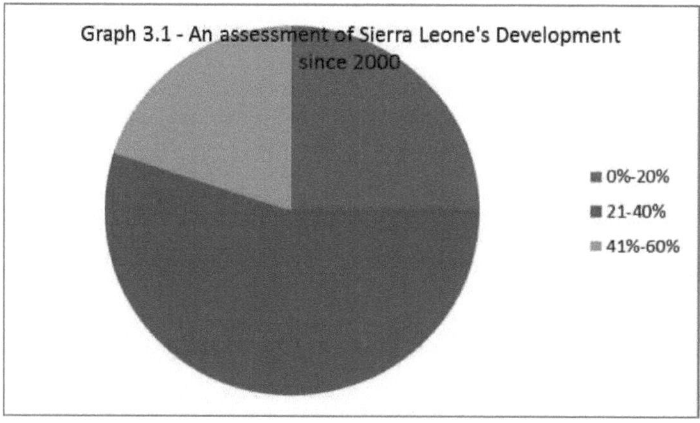

Assim, com uma média de 29,1%, o desenvolvimento da Serra Leoa durante este período poderia ser considerado *"menos encorajador/impressionante"*, o que foi interpretado como *"pobre"*. Este resultado está claramente correlacionado com a definição de *"lado negro"* apresentada anteriormente na introdução deste trabalho.

CAPÍTULO 4 - ANÁLISE CONTEXTUAL, APRESENTAÇÃO DOS RESULTADOS E SUAS INTERPRETAÇÕES PARA O DESENVOLVIMENTO NA SERRA LEOA

4.1 INTRODUÇÃO - A interpretação dos resultados em relação à tendência geral de desenvolvimento do país desde 2000 constituirá o foco deste capítulo. Por outras palavras, será discutida a situação nestes sectores/áreas ao longo dos últimos anos

4.2 A "EXTENSÃO" DA NATUREZA "CRUCIAL" DOS SECTORES NO DESENVOLVIMENTO DA SERRA LEOA - No Degrau A e tal como indicado no quadro 3.4 supra, existem 13 sectores/áreas "muito críticos" que constituem uma grave preocupação no processo de desenvolvimento económico da Serra Leoa, agrupados em 3 níveis - *"mais crucial", "mais crucial" e "de alguma forma crucial"*. Os sectores são a Educação, a Saúde e o Saneamento, a Agricultura, a Eletricidade, o Abastecimento de Água, o Desemprego, a Economia, a Justiça, as Infra-estruturas, os Transportes, o Desporto, as Instituições e o Comércio. Tal como explicado no capítulo anterior, estes agrupamentos foram apresentados na Caixa 4.1 abaixo:

Caixa 4.1 - Apresentação dos sectores/áreas *"muito críticos"* do desenvolvimento da Serra Leoa de acordo com os 3 níveis de *"mais crítico, mais crítico e de alguma forma crítico"*

MAIS CRUCIAIS
Educação, saúde e saneamento, agricultura e eletricidade
MAIS CRUCIAIS
Abastecimento de água, desemprego, economia e justiça
DE ALGUMA FORMA CRUCIAL
Infra-estruturas, transportes, desporto e instituições e comércio

O Rung B, por outro lado, tem 11 sectores *"críticos"* agrupados em 3 níveis - *"crucial", "menos crucial"* e *"não crucial"*, incluindo - Democracia, Minas, Turismo e Cultura, Corrupção, Pescas e Marinha, Assistência Social, Informação e Comunicações, Governo Local, Ambiente e Mudança de Atitudes. Estes foram apresentados no diagrama de caixa abaixo:

Caixa 4.2 - Apresentação dos sectores/áreas *"menos críticos"* de acordo com os 3 níveis de *"crucial, menos crucial e não crucial*

CRUCIAIS
Democracia, Minas, Turismo e Cultura, Terras e Habitação
MENOS CRUCIAL

Corrupção, Pescas e Marinha, Assistência Social, Informação e Comunicações
NÃO CRUCIAIS
Administração local, ambiente, mudança de atitude

Por conseguinte, os 24 sectores/áreas identificados para o desenvolvimento do país foram divididos em 6 categorias: mais crucial, mais crucial, de alguma forma crucial, crucial, menos crucial e não crucial.

4.3 OS SECTORES "MUITO CRÍTICOS" - Tal como explicado anteriormente, existem 13 sectores/áreas *"muito críticos"* que foram classificados em 3 categorias - '*mais crucial, mais crucial e de alguma forma crucial*'.

4.3.1 OS "*MAIS CRÍTICOS*" DESTES SECTORES/ÁREAS

4.3.1.1 EDUCAÇÃO: Classificada em *"primeiro lugar"* na análise, a educação revelou-se o sector "*mais crucial*" para o desenvolvimento da Serra Leoa, uma vez que não se registaram melhorias significativas neste sector desde 2000. Outros países, como Singapura, China, África do Sul, etc., viram o seu desenvolvimento económico acelerado devido à importância atribuída à educação. Um provérbio asiático apoia a importância da educação, assim

"Se planeares para um ano, semeia sementes. Se planeares para dez anos, planta árvores. Se planeares para cem anos, educa as pessoas".

De facto, quando se trata de fornecer soluções duradouras, a educação é imperativa porque desenvolve a capacidade de uma pessoa tomar decisões que irão melhorar a sua vida (Todaro e Smith, 2003). Não é este o caso da Serra Leoa, onde existe a convicção generalizada de que a educação tem estado em constante declínio neste século. Algumas das razões para este facto incluem:

a) *Orçamento do Estado* : O orçamento do Estado para este sector tem sido muito baixo desde 2000 e, como mostra a tabela 4.1 abaixo, a despesa com a educação em percentagem do PIB entre 2000 e 2005 foi de 1,4% e de 2,9% no período de 2005 a 2014 (PNUD, 2015). Noutros países em desenvolvimento, como o Quénia, o Lesoto e o Ruanda, os governos gastam atualmente 6,6%, 13% e 5,1%, respetivamente, na educação. Mesmo o Burundi tem-se saído melhor do que a Serra Leoa, com 5,8% do seu PIB gasto na educação (PNUD, 2015).

Quadro 4.1 - Comparação do orçamento da educação em países em desenvolvimento selecionados entre 2005 e 2014

PAÍS	PERÍODO 2000-2005 (% DO PIB)	PERÍODO 2005-2014 (% DO PIB)
Serra Leoa	1.4%	2.9%
Quénia		6.6%
Lesoto		13%
Ruanda		5.1%
Burundi		5.8%
África do Sul		6.2%

Fonte - PNUD, 2015

O orçamento para 2015 consagrou um montante considerável ao pagamento de salários (GoSL, 2015)

b) *Política educativa* : Nos últimos anos, as políticas educativas têm sido incoerentes, com uma mudança de 6-3-3-4 (em vigor de 2000 a 2008) para 6-3-4-4 (de 2009 até à atualidade)

c) *Investigação e Desenvolvimento*: Não houve fundos para "Investigação e Desenvolvimento" (0% do PIB) desde 2000 até à data, o que deveria ter promovido a inovação em algumas áreas, especialmente nas "ciências" (PNUD, 2015)

d) *Pessoal formado e qualificado*: Também tem havido falta de professores e conferencistas formados e qualificados na maioria das escolas e faculdades, com apenas cerca de 57% de professores formados entre 2008 e 2014 (PNUD, 2015)

e) *Emolumentos* : Os salários inadequados ou baixos (tanto para os professores como para os docentes das escolas e dos estabelecimentos de ensino superior) tornaram a profissão de professor muito pouco atractiva no país.

f) *Material didático*: Na maioria dos centros e instituições de ensino, o material didático e pedagógico é insuficiente e muitas vezes inadequado.

g) *Ambiente de aprendizagem* : Atmosfera/ambiente de aprendizagem desconfortável, tanto nas escolas como nos estabelecimentos de ensino superior, evidenciado por estruturas e edifícios degradados e pela ausência de outros equipamentos sociais

h) *Currículos* : Programas de ensino desactualizados na maioria das escolas e faculdades que não correspondem às necessidades do "*mundo do trabalho*"

Uma visão geral das consequências desta situação inclui:

a) Baixos níveis de literacia, 41% entre 2000 e 2005; 44,5% entre 2005 e 2013 (PNUD,

2015)

b)	Apenas 15,7% da população tem pelo menos o ensino secundário (PNUD, 2015)

c)	A taxa de abandono do ensino primário é de 52,2% (PNUD, 2015) e a taxa de abandono do ensino secundário é estimada em 62%.

d)	A proliferação de escolas privadas, especialmente nos centros urbanos, com propinas fora do alcance da maioria dos serra-leoneses, contribuiu para tornar a educação muito cara no país.

e)	Aumento das práticas ilícitas nos exames, uma vez que a delegação do WAEC na Serra Leoa é agora conhecida por reter resultados. Por conseguinte, as taxas de aprovação no WASSCE são baixas, sendo atualmente de 16% para as raparigas e de 15% para os rapazes (GoSL, 2008)

Por conseguinte, não é surpreendente que 67% dos serra-leoneses estejam insatisfeitos com o sistema educativo do país (PNUD, 2015), o que está em consonância com a principal conclusão deste trabalho, segundo a qual a educação se revelou o sector *"mais crítico"* para o desenvolvimento global do país (orgulho na educação e outrora designada "A Atenas da África Ocidental"), Monte Aureol, Freetown

Imagem 1 - Edifícios Kennedy e Strasser King no Fourah Bay College (o orgulho do país em matéria de educação e outrora designado por "Atenas da África Ocidental"), Monte Aureol, Freetown

4.3.1.2 SAÚDE E SANEAMENTO: Este é o *"segundo"* dos *"sectores mais cruciais"* para o desenvolvimento do país e ocupa geralmente o segundo lugar (2nd) em termos de desenvolvimento do país. A literatura sobre *"saúde e desenvolvimento"* é enorme, mas todos apontam para uma verdade fundamental - que a saúde é uma dimensão fundamental do bem-estar humano, uma boa saúde é fundamental para melhorar outras dimensões do bem-estar humano (Cornia e Menchini, 2007).

Na Serra Leoa, algumas das razões pelas quais o sector da saúde não conseguiu corresponder às expectativas são as seguintes

a)   *Desfasamento entre o orçamento e a situação sanitária*: os orçamentos da saúde nos últimos anos não reflectiram a situação no terreno, uma vez que as despesas do país com a saúde (% do PIB) parecem encorajadoras e impressionantes quando comparadas com as de outros países em desenvolvimento, mas os resultados em matéria de saúde não foram impressionantes.

Como mostra o quadro 4.2 abaixo, a Serra Leoa gastou 18,8% do seu PIB na saúde em 2011 e gastou mais do que os outros 3 países, exceto a Libéria. Em 2013, as despesas do país (11,8%) foram superiores a todos os outros países, nomeadamente na bacia da União do Rio Mano.

Quadro 4.2 <u>- Despesas com a saúde em percentagem do PIB em países africanos selecionados</u>

PAÍS	2000-2007[a]	2011[b]	2013[c]
Serra Leoa	1.4%	18.8%	11.8%
Guiné	0.6%	6.0%	4.7%
Libéria	2.8%	19.5%	10.0%
Gâmbia	2.6%	4.4%	6.0%
Moçambique	3.5%	6.6%	6.8%

Fonte =[a] - PNUD, 2010;[b] - PNUD, 2014;[c] - PNUD, 2015

A verdade, porém, é que essas despesas não se traduziram numa melhoria das condições de saúde no país. Não existem hospitais e centros de saúde suficientes no país; e, quando existem, a maioria está mal equipada; prevalecem os medicamentos de baixa qualidade e contrafeitos, o que levanta questões sobre a eficácia do Gabinete de Normalização e do

Conselho Farmacêutico no país; etc. Além disso, os sucessivos relatórios anuais de auditoria ao longo dos anos têm revelado constantemente que a maior parte do dinheiro gasto em programas de saúde não foi contabilizada.

b) *Falta de pessoal médico*: A maioria dos hospitais e clínicas não dispõe de pessoal médico adequado e qualificado, o que faz com que os serviços de saúde sejam prestados por pessoal médico inexperiente e não qualificado.

c) *Falta de uma orientação política forte* : Nos últimos anos, a orientação política no sector da saúde tem sido muito heterogénea e incoerente. Entre 2000 e 2007, a tónica foi colocada na construção de estruturas de saúde na maior parte do país e no controlo do VIH/SIDA; entre 2008 e 2014, a política mudou para a prestação de cuidados de saúde gratuitos às mulheres grávidas, às mães lactantes e às crianças com menos de 5 anos; em 2015, a política passou a ser a de garantir a resiliência do sector da saúde para qualquer surto sanitário futuro.

As consequências foram as seguintes:

a) A esperança de vida do serra-leonês médio é baixa, com 34 anos entre 2000 e 2005 (ONU, 2004); 40 anos entre 2006 e 2009; 48,2 anos em 2010, 45,6 anos em 2013 e 50,9 anos em 2015 (PNUD, 2010, 2014 e 2015). Atualmente, outros países em desenvolvimento, como a Guiné e a Gâmbia, têm uma melhor esperança de vida, com 58,8 anos e 60,2 anos, respetivamente (PNUD, 2015)

b) Elevadas taxas de mortalidade infantil e de menores de 5 anos entre 2000 e 2005, 177 e 307 por 1.000 nados-vivos, respetivamente (ONU, 2004); em 2008, 123 e 194 por 1.000 nados-vivos, respetivamente; 117 e 182 por 1.000 nados-vivos, respetivamente, em 2012; 107,2 e 160,0 por 1.000 nados-vivos, respetivamente, em 2013. Uma taxa de mortalidade materna muito elevada de - 2.000 por 100.000 nados vivos em 2000 (ONU, 2004), 2.100 por 100.000 nados vivos entre 2003 e 2008 (PNUD, 2010), uma taxa atual melhorada de 1.100 por 100.000 nados vivos em 2013 (PNUD, 2015). Há também uma elevada taxa de mortalidade adulta de 453 e 433 por 1.000 pessoas em 2011 e 2013, respetivamente (PNUD, 2015)

c) Falta de resiliência do sistema de saúde para gerir ou reduzir os principais surtos de saúde, como ficou patente quando o Ébola atingiu o país em maio de 2014. Os resultados foram catastróficos, com cerca de 3.800 mortes durante o período de 18 meses de Ébola no país (GoSL, 2015).

e) Prevalência de muitas doenças, incluindo malária, febre tifoide, disenteria, diarreia, tuberculose, etc., sendo a malária uma grave fonte de morte, com 108,7 por 100 000 pessoas em 2012. A subnutrição infantil tornou-se preocupante no país, com 44,9% das nossas crianças a sofrerem de raquitismo entre 2008 e 2013 (PNUD, 2015)

Devido a esta situação desagradável no sector da saúde, uma maior proporção de serra-leoneses não está feliz ou satisfeita com o sistema de prestação de cuidados de saúde nos últimos anos. Entre 2006 e 2009 e como indicado no quadro 4.3 abaixo, 53% dos serra-leoneses não estavam satisfeitos com o sector da saúde. Este valor subiu para 66% entre 2008 e 2012. Atualmente, quase 65% dos serra-leoneses estão insatisfeitos com este sector. Assim, de 2006 a 2014, uma média de 61,3% dos serra-leoneses não estão satisfeitos com o sector da saúde na sua totalidade.

Tab e 4.3 - Nível de insatisfação dos serra-leoneses com o sector da saúde

ANO	2006-2009	2008-2012	2014
NÍVEL DE INSATISFAÇÃO	53%	66%	65%

Fonte - (PNUD Vários anos: 2010, 2014 e 2015)

Imagem 2 - Instalação de saúde pública (hospital Connaught) em Freetown, Serra Leoa

4.3.1.3 Agricultura: Este é o "terceiro" dos "sectores *mais cruciais*" em termos de progresso da Serra Leoa e está classificado em 3.º lugar em[rd] em geral. Isto porque a agricultura não só desempenha um papel ativo no processo de desenvolvimento económico em muitos países, como também tem sido um sector importante em qualquer estratégia global de transformação económica para muitos países em desenvolvimento (Todaro e Smith, 2003).

Na Serra Leoa, este sector tem contribuído entre 10% e 14% para o PIB do país e, em 2002, a percentagem da agricultura no PIB era de 52% (ONU, 2004). Pensa-se também que emprega cerca de 60% da população do país e que é a principal atividade económica nas zonas rurais. Desde 2000, o principal objetivo deste sector tem sido - alcançar a autossuficiência alimentar, especialmente com a produção de arroz, aumentar as exportações dos principais produtos e, consequentemente, gerar as tão necessárias receitas em divisas, aumentar os rendimentos dos agricultores e reduzir as disparidades geográficas no bem-estar.

No entanto, nos últimos 16 anos, as potencialidades do sector agrícola não foram totalmente aproveitadas em benefício do país, e algumas das razões incluem, mas não se limitam a:

a)   Incoerência de políticas desde a renovação deste sector e a garantia da suficiência alimentar agrícola (2000 a 2008) até à implementação do Projeto de Comercialização de Pequenos Agricultores (2008 a 2013); e à implementação do Projeto Inclusivo e Abrangente de Pequenos Agricultores (2014 até ao presente)

b)   Falta de ajuda financeira e de facilidades de crédito aos agricultores para estimular a produção agrícola em grande escala em todo o país.

c)   Até à criação do SLPMC em 2011, não existia uma política de preços adequada neste sector, o que constituía um desincentivo ao aumento da produtividade agrícola.

d)   Infra-estruturas deficientes, incluindo redes rodoviárias, sistemas de irrigação, fornecimento de energia e comunicações

e)   Insumos e instrumentos agrícolas insuficientes, incluindo instalações de secagem e armazenamento inadequadas. Quando esses instrumentos agrícolas são disponibilizados, na maioria das vezes são mal distribuídos entre os agricultores do país.

f)   Problemas com o sistema de posse da terra, especialmente no interior, onde a maior parte da terra é propriedade de famílias e está nas mãos dos chefes paramounts para controlo.

g)   Desvio de fundos agrícolas devido à falta de transparência e de responsabilidade nos últimos anos. Os sucessivos relatórios de auditoria apontaram para a falta de documentos comprovativos da maioria dos projectos agrícolas

h)	A baixa dotação orçamental tornou muito difícil a realização da Declaração de Maputo, que estipula um mínimo de 15% do PIB para o sector agrícola dos países africanos

As consequências foram: a dependência geral de produtos alimentares importados, incluindo arroz, o contrabando de produtos agrícolas para países vizinhos como a Guiné e a Libéria, baixos níveis de produtividade agrícola com uma produção total de alimentos de 9,3% e 1,6% em 2001 e 2002, respetivamente (ONU, 2004), desnutrição infantil e baixa ingestão de calorias lácteas per capita, que foi de 1.913 em 2001 (ONU, 2004)

*4.3.1.4	ELECTRICIDADE*: Este é o *"quarto"* dos sectores *"mais cruciais"* e ocupa a posição 4th no desenvolvimento do país. A atração de investimentos para um país depende, entre outras coisas, da disponibilidade de infra-estruturas relevantes, incluindo a eletricidade (Grupo do Banco Mundial, 2017). [st]Gerar eletricidade suficiente tem sido um grande problema na Serra Leoa desde o início do século XXI e alguns problemas no sector incluem - linhas de transmissão e distribuição desactualizadas, falta de capacidade no Ministério da Energia que tornou a Autoridade Nacional de Energia (agora Autoridade de Distribuição e Fornecimento de Eletricidade) financeiramente incapaz e operacionalmente insustentável, nenhum Plano Diretor abrangente para o Ministério que deveria ter fornecido uma forte direção e visão para o sector da energia, etc.

Por conseguinte, o consumo de eletricidade per capita e a taxa de eletrificação no país são muito baixos, enquanto a percentagem da população sem acesso à eletricidade é muito elevada. Em 2000, a capacidade eléctrica instalada era de apenas 29 kw por 1.000 cidadãos (ONU, 2004). Entre 2000 e 2005, a capacidade de produção de eletricidade para todo o país era de 6MW. Este valor aumentou consideravelmente para 20MW entre 2006 e 2010. Além disso, com a conclusão da central hidroelétrica de Bumbuna em 2009 e o início imediato das operações, a capacidade de produção aumentou para 90MW atualmente. No entanto, esta central serve apenas Freetown e algumas partes da província do Norte. Existe também a barragem de Dodo na região oriental, que serve Bo e Kenema. No entanto, estas duas centrais eléctricas só são eficazes durante a estação das chuvas e enfrentam sérios desafios durante a estação seca, quando o nível da água desce abaixo do normal.

Entre 2000 e 2004, o consumo de eletricidade per capita para o país foi de um mínimo de 24 quilowatts/hora; em comparação com 545kw/h para Moçambique e 224kw/h para a Zâmbia no mesmo período (PNUD, 2008). A taxa de eletrificação na Serra Leoa era assim de 2% com a percentagem da população sem eletricidade a 95% (PNUD, 2008). Em 2012, 14,2% da população tinha acesso à eletricidade, mas com apenas 1,2% para as zonas rurais (PNUD, 2015). Atualmente, apenas cerca de 10% da população do país tem acesso à eletricidade da rede eléctrica nacional (GoSL, 2013).

As consequências destes problemas no sector da energia foram apagões constantes que tornaram a maior parte das instituições e agências ineficazes no desempenho das suas funções, a elevada utilização de geradores que aumentou o custo de funcionamento das empresas no país e contribuiu para as alterações climáticas, a dificuldade em atrair investidores estrangeiros, a perda de confiança dos cidadãos no Ministério da Energia, a fraca base de produção, o baixo grau de inovação e criatividade, etc.

4.3.2 O "MAIS CRUCIAL" DOS SECTORES

4.3.2.1 ABASTECIMENTO DE ÁGUA : O *"primeiro"* dos "sectores *mais críticos"* e classificado em 5th no desenvolvimento da Serra Leoa é o Abastecimento de Água. Nas últimas décadas, a água doce tem desempenhado um papel pequeno, mas crescente, nas estratégias globais para reduzir a pobreza e promover o desenvolvimento económico em todo o mundo (F e D, FMI; 2013). Na maioria dos países, a gestão da água foi agora integrada nas abordagens globais de desenvolvimento. [st]No entanto, na Serra Leoa, a situação da água no século XXI continua a ser precária, resultando em escassez, especialmente durante a estação seca, que se agrava muito entre março e abril de cada ano.

Os problemas e desafios deste sector incluem os seguintes acesso limitado da população a água potável segura canalizada, com as zonas rurais a suportarem a maior parte do problema, sistemas de distribuição antigos e dilapidados, especialmente na região ocidental, que ainda não foram modernizados, pequena capacidade das barragens e reservatórios que já não conseguem corresponder aos níveis crescentes da população, especialmente na capital Freetown, baixa capacidade institucional a nível nacional e local, sistemas de monitorização e de elaboração de relatórios muito fracos, quadros institucionais e regulamentares fracos, fraca capacidade do recém-criado Ministério dos Recursos Hídricos, que já está a lutar com uma baixa dotação orçamental para este sector, com um orçamento estimado em Le 9.9B (cerca de 2,1% do PIB do país - GoSL, 2015)

As consequências deste problema da água são graves, mas considere o seguinte -

i)   O baixo acesso da população à água potável: Em 2000, apenas 28% da população tinha acesso a água potável (WDI, 2002). Este número melhorou drasticamente para 49% em 2008 (PNUD, 2010) e, atualmente, estima-se que 57% da população tem acesso a uma fonte de água melhorada (GoSL, 2013). As zonas rurais são gravemente afectadas, onde as pessoas dependem da água recolhida em rios, piscinas, poços pouco profundos e nascentes que estão, na sua maioria, contaminadas e, por conseguinte, constituem as principais fontes de doenças transmitidas pela água.

ii)   Condições de saneamento deficientes e insatisfatórias: Em 2000, apenas 28% dos serra-leoneses tinham acesso a instalações sanitárias adequadas (WDI, 2002) e a situação piorou em 2008, com apenas 13% da população a ter acesso a instalações sanitárias adequadas. Atualmente, apenas 13% da população do país tem acesso a instalações sanitárias adequadas (DHS, 2008), com 26% e 6% para as zonas urbanas e rurais, respetivamente. A nível nacional, 83% dos agregados familiares utilizam latrinas de fossa, baldes, arbustos e rios/correntes como as instalações sanitárias mais comuns (GoSL, 2005). A defecação a céu aberto aumentou especialmente nos centros urbanos em resultado da migração rural-urbana, estando atualmente estimada em 30% (GoSL, 2013).

iii)   Má gestão/eliminação dos resíduos sólidos: Para agravar este problema de saneamento, existe um sistema de eliminação de resíduos sólidos deficiente, em que os agregados familiares depositam os seus resíduos nas bermas das estradas, esgotos, ribeiros, quintais e, atualmente, nos cemitérios. Esta situação torna-se muito grave durante a estação das chuvas, quando as sarjetas e os esgotos ficam obstruídos, provocando transbordamentos que tornam algumas estradas intransitáveis e o ambiente fétido.

4.3.2.2   DESEMPREGO: O desemprego é o *"segundo* domínio *mais crítico"* e ocupa a 6ª posição[th] em termos de desenvolvimento da Serra Leoa. O desemprego é o cancro do desenvolvimento do país, afectando sobretudo uma grande parte da juventude. Embora os números do desemprego, particularmente na maioria dos países africanos, sejam minimizados, há, no entanto, um reconhecimento crescente de que (apesar dos ganhos no crescimento económico) o emprego não está a expandir-se suficientemente rápido para acompanhar o crescimento da força de trabalho (OIT, 2014).

Qualquer pessoa na faixa etária (15 a 35 anos) foi definida como jovem na Serra Leoa e estas pessoas representam cerca de 34% da população do país (MOYA, 2014). É preocupante o facto de mais de 80% dos nossos jovens viverem abaixo do limiar de pobreza de 2 dólares americanos por dia e de 60% estarem estruturalmente desempregados (NAYCOM, 2014).

A situação do desemprego juvenil é muito alarmante no país e uma área particular de preocupação é o desemprego dos licenciados. Esta questão é preocupante porque não há garantias de oportunidades de emprego após a conclusão do ensino universitário. A tendência é muito alarmante, uma vez que este tipo de desemprego está a aumentar de ano para ano e mesmo a Função Pública se tem revelado incapaz de os absorver.

Atualmente, menos de 50% dos jovens trabalhadores recebem pagamentos pelo seu trabalho e, mesmo nos casos em que esses pagamentos são feitos, situam-se na ordem dos 140 000 a 250 000 Le (25 a 45 dólares americanos) (NAYCOM, 2012). O nepotismo, o regionalismo e o suborno dos empregadores são considerados generalizados pelos jovens no mercado de trabalho, embora o mercado de trabalho formal represente apenas 9% do emprego total dos jovens (NAYCOM, 2012).

As consequências deste enorme problema de desemprego juvenil no país são: elevado número de condutores de "*Okada*" no país (estimado em 50.000), aumento das taxas de criminalidade com o correspondente aumento da ilegalidade e da indisciplina, elevado número de gravidezes na adolescência entre os jovens do sexo feminino, aumento da migração rural-urbana, uma vez que muitos jovens estão agora a afastar-se das zonas rurais onde as oportunidades são limitadas ou inexistentes, maior desejo de deixar o país para procurar pastos mais verdes no estrangeiro, manifestado no aumento da participação no programa americano DV, em particular, e no risco de atravessar o mar Mediterrâneo através do Norte de África.

4.3.2.3   A ECONOMIA: O *"terceiro sector mais crucial"* e classificado em 7th no desenvolvimento da Serra Leoa é a economia. Vários estudos mostraram que o crescimento económico é muito importante para melhorias sustentadas na redução da pobreza e que os países que mostraram sinais de redução da pobreza são os que cresceram mais rapidamente (Botswana, China, etc.) e o PNUD também sustentou que é necessário um crescimento do PIB per capita de 3% para reduzir para metade a incidência da pobreza numa década (ver Gafar 1998 e Banco Mundial, 2002). [st]Tal como revelado no Capítulo 2, os números do PIB mostram que a economia registou, de facto, taxas de crescimento positivas até agora no século XXI. No entanto, o consenso entre a maioria dos serra-leoneses é que esse "*crescimento*" não tem sido *"inclusivo"*, uma vez que não se reflecte nas suas vidas ou no seu bem-estar. Isto porque quase 53% da população, entre 2004 e 2014, vivia abaixo do limiar de pobreza nacional (PNUD, 2015); e entre 2002 e 2012, quase 57% da população vivia abaixo de 1,25 dólares americanos por dia (PNUD, 2015). Assim, os indicadores sociais e económicos não têm sido satisfatórios, especialmente a rápida deterioração da moeda do país (a Leone) desde 2000 e o correspondente aumento da taxa de inflação.

Infelizmente, quase todos os sectores não foram capazes de criar as oportunidades de emprego necessárias, sendo que o sector mineiro, especificamente, não conseguiu fazer qualquer diferença significativa. Existe, portanto, uma desilusão pública pelo facto de o crescimento económico não ter conduzido a uma vida mais feliz e menos stressante para a maioria dos serra-leoneses.

As consequências foram as graves dificuldades manifestadas pela pobreza no país, as limitadas oportunidades de emprego manifestadas pelo elevado desemprego, a baixa esperança de vida, o desespero e a sensação geral de mal-estar entre a população jovem.

4.3.2.4 JUSTIÇA: O sector judiciário (designado principalmente por sector da justiça) é o *"quarto sector mais crucial"* e tem uma classificação global de 8th em termos de desenvolvimento do país. Tem sido amplamente reconhecido que a consolidação da democracia e a promoção da boa governação na maioria dos países em desenvolvimento dependem do poder judicial para fazer justiça sem medo ou favor e com base nos instrumentos/quadros jurídicos estabelecidos. O Relatório sobre a Verdade e a Reconciliação da Serra Leoa sublinhou o facto de a injustiça ter sido uma das razões da guerra rebelde no país.

Os problemas neste sector ao longo dos últimos anos incluem a insuficiência de magistrados em todo o país, o que provocou graves atrasos na aplicação da justiça, uma vez que os casos demoraram demasiado tempo a ser tratados, más condições de serviço, baixa dotação orçamental, corrupção e lutas internas desenfreadas

A soma destas consequências foi a perda total de confiança no sistema judicial por parte da maioria dos serra-leoneses, a falta de independência e os numerosos atrasos nos processos.

4.3.3 OS SECTORES *"DE ALGUMA FORMA CRUCIAIS*

4.3.3.1 INFRA-ESTRUTURAS: Este é o *"primeiro dos sectores de alguma forma cruciais"*, mas ocupa a 9ª posição[th] no desenvolvimento da Serra Leoa. O desenvolvimento das infra-estruturas tem sido muito importante para o desenvolvimento económico da maioria dos países. No contexto da Serra Leoa, as infra-estruturas mais destacadas foram a construção e a melhoria da rede rodoviária. No entanto, as estradas do país e a sua rede conexa nos últimos 16 anos continuam a enfrentar muitos desafios. Isto porque, de um total estimado de 11,300 KM de estradas, apenas 8,200 KM são estradas primárias, secundárias e de ligação. Apenas cerca de 8% das estradas no país estão atualmente pavimentadas e a situação é terrível nas zonas rurais (GoSL, 2014). Este facto não só tem dificultado o transporte no país, mas mais especialmente tem dificultado a fácil circulação de produtos agrícolas, facilitando assim o contrabando destes produtos para os países vizinhos.

A situação agrava-se durante a estação das chuvas, quando a maioria das estradas se torna intransitável devido a inundações ou deslizamentos de terras. Infelizmente, as estradas/estradas, mesmo nos centros urbanos de Bo, Freetown, etc., também registam problemas semelhantes de inundações.

Algumas das razões para este estado deplorável das nossas estradas incluem - manutenção irregular ou inexistente ao longo dos últimos anos, falta de capacidade dos conselhos para gerir estas estradas, demasiada burocracia no Ministério das Obras Públicas e na ARSL, baixo gasto orçamental para este sector (o orçamento atual para este ministério é de 10,3%, dos quais 7,25% são para actividades de Manutenção de Estradas - GoSL, 2015)

As consequências foram a lentidão dos movimentos dos produtos agrícolas das zonas rurais para os centros urbanos ou para os mercados, os atrasos e o aumento dos tempos de deslocação, as avarias frequentes dos veículos, etc.

4.3.3.2   TRANSPORTES : O segundo sector de alguma forma crucial é o sector dos transportes, classificado em 10.º lugar[th] no desenvolvimento global do país. Um sistema de transportes eficiente é vital para melhorar o desenvolvimento socioeconómico de qualquer país (World Bank Group, 2017). Este sistema garante a fácil circulação de pessoas, bens e serviços e inclui a disponibilidade de autocarros, caminhos-de-ferro, metropolitanos, companhias aéreas, navios de cruzeiro e ferries, etc. Na Serra Leoa, desde 2000, os transportes têm sido uma grande preocupação para os cidadãos. Os principais sistemas de transporte incluem os autocarros do governo que circulam entre a capital Freetown e o interior, as Podas Podas (mini carrinhas), os táxis, os barcos para as zonas ribeirinhas, os ferries

entre Freetown e o aeroporto de Lungi; e o novo fenómeno das *"Okadas"* (bicicletas) desde o fim da guerra rebelde em 2002, que são agora extremamente populares no país.

Os serviços de Okada são atualmente fontes vitais de transporte, especialmente no interior, devido à sua capacidade de percorrer estradas que não só são deploráveis, como também estão cortadas ao tráfego normal de veículos. Por isso, são atualmente considerados como importantes fontes de emprego e de geração de rendimentos para a maioria dos jovens, homens e mulheres. Os autocarros do Estado ainda não são suficientes, pois continuam a verificar-se longas filas de espera em Freetown. Isto resultou numa prática comum de os *Poda Podas* embarcarem em viagens mais curtas para os peões. Por outras palavras, as viagens diretas (por exemplo, de PZ para Lumley) são agora de difícil acesso. Os efeitos têm sido atrasos nos trajectos e o aumento das tarifas para os trabalhadores pendulares.

O transporte fluvial tem sido motivo de grande preocupação, especialmente em torno do distrito de Bonthe, onde os operadores de barcos não cumprem os seus horários. Também em Freetown, a travessia para Lungi continua a ser um problema permanente, mas a situação parece ter-se agravado nos últimos anos. Os dois ferries disponíveis (MV Mahera e Great Scarcies) estão na maior parte das vezes parados para reparações e trabalhos de manutenção, que normalmente demoram muito tempo, e quando estão operacionais têm por vezes problemas de motor, pondo em grave risco a vida dos passageiros. Os horários das travessias também têm sido inconsistentes ao longo do tempo, o que faz com que os passageiros (especialmente os que vão apanhar os seus voos) fiquem retidos no terminal de Kissy.

As razões para estas dificuldades de transporte nos últimos dezasseis anos incluem a falta de qualquer investimento governamental sério no sector dos transportes, que se manifesta em despesas orçamentais reduzidas, especialmente na aquisição de autocarros para servir a população, na falta de manutenção adequada destes autocarros devido à falta de capacidade e à indisponibilidade de peças sobressalentes, na ausência de um documento de planeamento a longo prazo no Ministério dos Transportes, na má rede rodoviária, etc.

4.3.3.3 DESPORTO - O *"terceiro sector de alguma forma crucial"* e classificado em 11º lugar[th] na Serra Leoa é o Desporto, uma vez que as várias modalidades desportivas têm enfrentado sérios desafios ao longo dos últimos anos. Do Boxe ao Judo, do Voleibol ao Ténis, do Futebol ao Atletismo, etc., a história é a mesma - desorganização, lutas internas, corrupção e malícia, baixa dotação orçamental para o Ministério. Os países são conhecidos em todo o mundo pelas suas proezas desportivas, o que tem sido considerado um indicador muito importante de desenvolvimento. No entanto, no caso da Serra Leoa, o país tem sido conhecido pelas razões erradas - atletas fugiram durante os Jogos Olímpicos de Londres em 2012, uma equipa inteira de futebol quase desapareceu na Suécia há alguns anos, etc. A confusão no futebol, em particular, é o resultado de uma forte divisão entre a SLFA e o Ministério, o que faz com que o futebol esteja em frangalhos. Atualmente, a Serra Leoa ocupa o 175.º lugar entre 187 nações futebolísticas do mundo.

As consequências deste imbróglio foram a diminuição do interesse dos cidadãos pelo desporto no país e pelo futebol em particular. Assim, os adeptos do futebol têm-se contentado em apoiar várias equipas das ligas europeias, como o Manchester United, o Real Madrid, o Barcelona, o Arsenal, o Chelsea, o PSG, o Bayern, o AC Milan, etc.

4.3.3.4 INSTITUIÇÕES - Este é um dos dois últimos sectores de alguma forma cruciais e está classificado em 12º lugar[th] no desenvolvimento global do país. As instituições que suscitam preocupação incluem o sector da segurança, especialmente a polícia, o PPRC e outras instituições democráticas como a Comissão dos Direitos Humanos, a NEC, etc. A literatura sobre a importância das instituições no funcionamento eficaz das nações é rica e isto também foi sublinhado pelo Presidente Obama durante a sua visita ao Quénia em julho de 2015, quando disse que "*África não precisa de homens fortes, precisa de instituições fortes*" (ver discurso de Obama)

A falta de independência e imparcialidade da maioria das instituições na Serra Leoa tem sido motivo de grande preocupação para muitos cidadãos nos últimos anos. A principal razão tem sido a interferência política nas suas operações, uma vez que o Presidente nomeia todos os membros do Conselho de Administração, incluindo os presidentes, e não o financiamento inadequado, tal como indicado no orçamento, nem a falta de capacidade.

Esta situação afectou o grau de liberdade no país e a perda de confiança nas instituições responsáveis por garantir que a liberdade das pessoas não seja de forma alguma prejudicada.

4.3.3.5   COMÉRCIO - Este é o segundo dos últimos sectores "*de alguma forma cruciais*" (e empatado com as instituições em 12th) no desenvolvimento global do país. O comércio não está apenas a alimentar a globalização, mas também a desempenhar um papel crucial no desenvolvimento dos países (ver F e D, dezembro de 2013). Os benefícios do comércio são imensos e as nações estão a comercializar porque é extremamente lucrativo fazê-lo (Todaro e Smith , 200).

A Serra Leoa não tem tido bons resultados em termos de comércio (quer a nível nacional, regional ou internacional). O ambiente comercial no país está maioritariamente nas mãos de estrangeiros, incluindo libaneses, indianos, chineses e nigerianos. O comércio interno nas principais cidades e vilas tem sido dificultado pela falta de infra-estruturas adequadas, como a construção de estradas, centros de mercados/edifícios, etc. O Ministério do Comércio e as Câmaras Municipais foram acusados de não terem capacidade para criar um ambiente comercial atrativo no país.

As consequências foram a destruição das indústrias locais, especialmente da indústria têxtil (gara dying), com a importação de têxteis chineses baratos para o país, e a pouca ou nenhuma proteção das indústrias locais, o que as tornou incapazes de resistir a qualquer tipo de concorrência.

4.4 SECTORES/ÁREAS "MENOS CRÍTICOS" - O segundo degrau do desenvolvimento da Serra Leoa consiste nos sectores/áreas "*menos críticos*" divididos em "*cruciais, menos* *cruciais e não cruciais".* Estes incluem - Democracia; Minas; Turismo e Cultura; Terras e Habitação; Corrupção; Pescas e Marinha; Bem-estar Social; Informação e Comunicações; Governo Local; Ambiente e Problema de Atitude.

4.4.1 OS SECTORES/ÁREAS "CRUCIAIS" - i) O primeiro dos sectores *"cruciais"*, abaixo dos sectores "menos críticos", mas com uma classificação global de 14th no desenvolvimento da Serra Leoa, é a Democracia. A literatura sobre a democracia é muito rica, pois tem sido considerada como um pilar essencial para o desenvolvimento e a estabilidade das nações do mundo (Sen, 2000). No entanto, na Serra Leoa, a democracia ainda não está totalmente consolidada e as razões reveladas durante o inquérito incluem a interferência política em quase todas as instituições/estruturas democráticas, o que as tornou pouco independentes; a atitude e o carácter da legislatura são mais orientados para os partidos; etc.

Os resultados incluem - o fraco desempenho do país em índices democráticos como o Índice Mo Ibrahim, etc. As consequências foram a restrição da liberdade das pessoas, o estreitamento do espaço para a participação efectiva da sociedade civil, as restrições impostas aos meios de comunicação social, etc., e a queda das credenciais democráticas do país a nível internacional.

ii)   A exploração mineira é o segundo dos *"sectores cruciais"* e ocupa a 15ª posição[th] no desenvolvimento do país. [st]Existe uma aceitação geral entre a população de que as actividades mineiras (quando comparadas com outros países em desenvolvimento como o Botswana, etc.), mesmo neste século XXI, não têm servido os cidadãos em particular e, por extensão, o país como um todo. Assim, a história da exploração mineira na Serra Leoa tem sido descrita como uma história de *"frustração e expectativas não satisfeitas"* que se traduziu em raiva e desilusão no país.

iii)   O turismo e a cultura são o terceiro dos *"sectores cruciais"* e ocupam a 16ª posição[th] no desenvolvimento do país. Não houve qualquer investimento sério neste sector desde 2000, o que se reflecte nas baixas dotações orçamentais. As principais estâncias turísticas não foram remodeladas nem reabilitadas e, juntamente com a ausência de uma estratégia turística eficaz no Ministério, registou-se uma diminuição do número de turistas internacionais que entram no país.

iv)   O último dos *"sectores cruciais"* é o da terra e da habitação, com uma classificação global de 17th no desenvolvimento do país. A gestão da terra tem sido uma questão espinhosa no país desde o início deste século. Até 2015, não existia uma política consistente sobre a gestão da terra e, por extensão, não existia uma política sobre o desenvolvimento da habitação. Na zona ocidental, existem terras do Estado em regime de propriedade e de arrendamento, enquanto nas zonas rurais a propriedade da terra está nas mãos de famílias proprietárias de terras, mas sob a custódia de chefes supremos. Ultimamente, grandes extensões de terras nas zonas rurais têm sido arrendadas a investidores para vários fins de investimento, mas a maioria destas transacções tem sido descrita como obscura.

Este sector é uma das áreas menos financiadas do orçamento e as consequências têm sido a degradação ambiental, a apropriação de terras, o planeamento inadequado e a cobrança de rendas exorbitantes de mangueiras (em dólares), especialmente na zona ocidental.

4.4.2 OS SECTORES/ÁREAS "MENOS CRUCIAIS" - Estes incluem a corrupção, as pescas e a marinha, a assistência social e a informação e comunicação. Parece que os serra-leoneses já não se preocupam com os acontecimentos nestes sectores e, por isso, quase não os consideram importantes para o desenvolvimento do país.

i)   No caso da corrupção, uma das razões poderá ser o seu carácter enraizado na sociedade ao longo dos últimos anos. As pessoas estão agora a ignorar os relatos de corrupção no país, o que significa que esta é agora uma norma aceite (em maior medida) na sociedade. O país é conhecido como um dos mais corruptos do mundo, com classificações da Transparência Internacional de 175 em 185 em 2005; 177 em 197 em 2010 e atualmente 165 em 265 países. As consequências têm sido o desvio de fundos para projectos de desenvolvimento muito necessários, a perda de confiança dos parceiros de desenvolvimento e das agências doadoras, etc. Esta área foi classificada como 18th no desenvolvimento da Serra Leoa.

ii)   No que diz respeito à pesca e à marinha, as potencialidades deste sector não foram devidamente aproveitadas nos últimos anos em benefício de todos os serra-leoneses. O sector está classificado em 19° lugar[th] no desenvolvimento do país.

O aspeto da Assistência Social, que inclui a atenção e o apoio dado às crianças desfavorecidas, aos vulneráveis, aos deficientes físicos e aos idosos, é também outra área sem qualquer consideração séria no desenvolvimento do país. O Ministério está entre os menos financiados do país e as consequências ao longo dos anos têm sido a negligência destes grupos e a incapacidade de levar a cabo programas que os deveriam beneficiar. As actividades em torno deste sector parecem estar mais centradas em *"celebrar eventos"* como o Dia Internacional da Mulher, o Dia da Criança Africana, etc.

O último dos sectores "*menos cruciais*" é o da Informação e Comunicação. A forma de divulgação da informação e os canais utilizados têm sido motivo de grande preocupação para os serra-leoneses. A convicção da maioria dos serra-leoneses é que a maior parte destes meios de comunicação foram politizados ao longo dos últimos anos

4.4.3 OS SECTORES "NÃO CRUCIAIS" - O Governo Local, o Ambiente e a Mudança de Atitudes foram todos considerados como sectores "não cruciais" para o desenvolvimento do país. Em suma, os serra-leoneses não levam estes sectores a sério, o que se reflecte na classificação de 22nd para o Governo local, enquanto o Ambiente e a Mudança de Atitude estão empatados em 23rd .

A lentidão da descentralização; o envolvimento dos chefes supremos nas questões políticas; a falta de uma política e de uma estrutura coerentes em matéria de ambiente; a falta de financiamento para estes sectores; e a cultura da impunidade e da indisciplina que reina na nossa sociedade (e que nos tem dificultado imenso a mudança de atitudes); são factores responsáveis pela classificação destes sectores como "*não cruciais*" para o desenvolvimento do país.

As consequências incluem a má prestação de serviços pelos Conselhos Locais nos seus distritos e cidades, a degradação ambiental, especialmente nas zonas mineiras e na zona ocidental, e a dificuldade dos serra-leoneses em aperfeiçoar as suas atitudes em todos os domínios.

CAPÍTULO 5 - UMA VISÃO GERAL DAS INTERVENÇÕES GOVERNAMENTAIS NOS SECTORES MUITO CRÍTICOS IDENTIFICADOS NO PROCESSO DE DESENVOLVIMENTO DA SERRA LEOA

5.1 INTRODUÇÃO - Este capítulo vai centrar-se em algumas das intervenções importantes do governo nos sectores críticos ao longo das últimas décadas. Estes sectores, tal como explicado no capítulo anterior e colocados por ordem de prioridade, incluem - educação, saúde e saneamento, agricultura, eletricidade, abastecimento de água, desemprego, economia, justiça, infra-estruturas e transportes.

5.2 INTERVENÇÕES GOVERNAMENTAIS

<u>5.2.1 EDUCAÇÃO:</u> O documento DERP de 2005 colocou a educação no Pilar 3 *"Promoção do Desenvolvimento Humano"*, enquanto a Agenda para a Prosperidade de 2013 a colocou novamente no Pilar 3 *"Aceleração do Desenvolvimento Humano"*. Em ambos os documentos, o objetivo geral é desenvolver a base de capital humano, capacitar os cidadãos através da prestação de serviços que tenham o potencial não só de reduzir a pobreza, mas também de sustentar o desenvolvimento através da realização dos ODS até 2030.

Assim, desde 2000, foram efectuadas intervenções a todos os níveis no ensino primário/básico, secundário, terciário, profissional e outras iniciativas de formação. Em todos estes programas, o objetivo tem sido melhorar o acesso, a conclusão e a equidade das oportunidades educativas. As intervenções no sector da educação incluem, entre outras, as seguintes

→→A formulação de uma nova política de educação em 2005, centrada na educação das crianças do sexo feminino

→→A produção de um Plano Diretor de Educação para Todos (2002-2015) que deverá estabelecer as bases e a direção da educação no país

→→Fornecimento de material didático e pedagógico, especialmente às escolas primárias e secundárias.

→→ A implementação do projeto *"Reabilitação do Ensino Básico"* (REBEP) do Banco Africano de Desenvolvimento, também conhecido como *"Projeto Sababu"*

→→ A reabilitação e reconstrução de escolas primárias e secundárias

→→A implementação do sistema 6-3-3-4 que foi revisto em 2010 para 6-3-4-4 →→A introdução de Politécnicos Regionais em todo o país com o objetivo de alinhar os programas educativos com as necessidades do século 21st .

→→Redefinição do Ministério da Educação de MEYS para MEST

→→A introdução e a continuação de programas de alimentação escolar em algumas escolas primárias do país.

→→A criação de centros técnicos, profissionais e de formação em algumas regiões do país para reforçar os programas de alfabetização de adultos.

→→ A deslocação do Colégio Universitário de Njala para a sua localização original em Morkonde, Njala, após o fim da guerra rebelde.

5.2.2- SAÚDE E SANEAMENTO - No âmbito de uma estratégia eficaz de redução da pobreza na Serra Leoa, a prestação de cuidados de saúde foi considerada uma prioridade importante. O objetivo geral tem sido o de melhorar a acessibilidade e a acessibilidade dos preços dos serviços de saúde para toda a população, tanto nas zonas urbanas como nas rurais. Para tal, ao longo dos anos, a atenção tem-se centrado nos cuidados preventivos e nas doenças transmissíveis, na melhoria do estado nutricional dos lactentes e das crianças de tenra idade, bem como das mulheres grávidas e lactantes, no reforço dos cuidados primários e secundários, no reforço dos programas de saúde existentes e na introdução de novas políticas que transformarão o sector da saúde no país (DERP, 2005, PFA 2013)

Por conseguinte, as intervenções governamentais neste domínio nos últimos 16 anos incluem o seguinte:

→→ Reforçar e alargar a iniciativa de cuidados de saúde gratuitos para crianças com menos de

5 anos, mulheres grávidas e lactantes de todo o país.

→→Revisão e atualização das políticas e estratégias de cuidados de saúde em planos diretores, especialmente para o VIH/SIDA, a tuberculose, etc.

→→Atribuição de centros de alimentação e nutrição centrados nas mulheres e nas crianças

→→Programas de reforço das capacidades dos prestadores de cuidados de saúde

→→Assegurar a disponibilidade de medicamentos nos hospitais públicos com base na recuperação dos custos

base e outros artigos de saúde

→→Estabelecimento de uma unidade nacional de aprovisionamento e fornecimento de produtos farmacêuticos →→Um aumento do orçamento para 11%, com o objetivo de cumprir a Declaração de Abuja, que prevê a afetação de 15% do orçamento ao sector da saúde.

→→Controlar a epidemia de VIH/SIDA com um objetivo de transmissão "*zero*" e prestar apoio às pessoas que vivem com a doença

→→A criação do Secretariado da Gravidez na Adolescência para reduzir a gravidez na adolescência no país.

No que se refere ao saneamento, o objetivo tem sido aumentar o acesso à água potável e melhorar o saneamento para um ambiente saudável em todo o país. Os programas neste domínio incluem:

→→Fornecimento de água potável às comunidades carenciadas, não só em Freetown, mas também nas cidades-sede dos distritos e nas zonas rurais, através da reabilitação e reconstrução das infra-estruturas de água existentes.

→→A implementação do Projeto de Água das 3 Cidades nas cidades de Bo, Pujehun e Bombali

→→ Fornecimento de instalações para a eliminação de resíduos sólidos e de lixo e criação do MASADA (como agência responsável pela recolha de lixo) para complementar os esforços do Conselho Municipal de Freetown e incentivar os conselhos locais, como o Conselho Municipal de Bo, a implementar programas de gestão e recolha eficazes de resíduos.

→→Separação da SALWACO e da GUMA Water Company, bem como criação de um novo Ministério da Água.

5.2.3 AGRICULTURA - Sem dúvida o principal sector da economia do país e contribuindo com 40% a 50% para o PIB, este sector procura assegurar a autossuficiência alimentar da população através de práticas agrícolas mecânicas, promover as exportações, reduzir a fome e a subnutrição e assegurar a realização dos ODS. Para atingir este objetivo, o governo tem vindo a implementar programas nas seguintes áreas

→→A construção e reabilitação de ABCs em todo o país e atualmente foram construídos cerca de 400 ABCs no âmbito do Programa de Comercialização de Pequenos Agricultores.

→→Distribuição de tractores no âmbito do "*Programa de Tractorização*" para relançar a produção no país.

→→Construção e reabilitação de estradas para facilitar o transporte de produtos agrícolas para os mercados através de um projeto da IDDA no valor de 33 milhões de dólares.

Atualmente, existem muitos projectos financiados por doadores no Ministério da Agricultura em várias componentes e a estimativa é de 45 projectos de doadores.

→→Com o apoio do FIDA, foram criadas no país cerca de 50 associações de serviços financeiros para aumentar o acesso dos agricultores ao crédito.

→→Implementação do projeto de agricultura nutricional sustentável (SNAP) para reforçar a nutrição alimentar e reduzir a fome no país.

→→ Reforçar a Unidade Florestal do Ministério para travar as alterações climáticas e reduzir a desflorestação através da contratação de guardas florestais em todo o país.

→→Envolvimento dos jovens nas actividades agrícolas, através da concessão de uma subvenção de 200 milhões de leus para

5.2.4 ELECTRICIDADE - O objetivo geral do Governo no sector da energia é aumentar a capacidade instalada dos actuais 90MW para 1000 até 2018, mas para isso serão necessários investimentos significativos na produção, transmissão e distribuição (GoSL, 2013). Os principais desenvolvimentos neste sector ao longo dos anos incluem -

→→ a separação do Ministério da Energia em duas entidades distintas

(EDSA e AECT);

→→instalação de painéis de luz solar em todas as cidades-sede dos distritos, sem deixar de lado a zona ocidental (incluindo Freetown);

→→ a introdução de contadores pré-pagos para reduzir o roubo de eletricidade e

evitar o não pagamento das tarifas de eletricidade pelos consumidores;

→→modernização das redes de transporte e de distribuição em Freetown e →→ implantação do Colégio Solar Descalço em todos os distritos para facilitar

a rápida instalação de painéis solares no país.

5.2.5 ABASTECIMENTO DE ÁGUA - O principal objetivo é atingir uma meta nacional de acesso à água de 74% e ao saneamento de 64% até 2018. Por conseguinte, os principais desenvolvimentos neste sector incluíram

→→reabilitação de todos os reservatórios de água, especialmente em Freetown, e melhoria dos sistemas de armazenamento de água no país

→→ a criação de um novo Ministério dos Recursos Hídricos

→→A separação da Guma Water Company e da SALWACO para assegurar operações eficazes e garantir uma gestão eficiente da água

→→A implementação do projeto de água das 3 cidades de Bo, Makeni e Kenema

5.2.6 UMEMPREGO - Reconhecendo que esta é uma questão muito premente (especialmente entre os jovens), os esforços do governo para melhorar a situação nos últimos anos incluíram o seguinte

→→A criação da NAYCOM em 2009 para combater o desemprego dos jovens no país através da execução de vários programas, como a formação de competências, serviços de desenvolvimento empresarial, etc.

→→ a criação de um Ministério dos Assuntos da Juventude separado para assegurar a colaboração com os MDA, as agências da ONU, as ONG, etc., na criação de oportunidades para a capacitação dos jovens no país.

→→A ênfase no desenvolvimento do sector privado (especialmente a promoção das PME para reforçar o emprego no país).

5.2.7 A ECONOMIA - Para melhorar a economia, alguns dos esforços do Governo incluem o seguinte:

→→Diversificação económica em sectores-chave (agricultura, minas e indústria transformadora) com ênfase no valor acrescentado para promover o crescimento inclusivo, promover a competitividade comercial e a atração de IDE.

→→O desenvolvimento do sector das pescas através do reforço da vigilância

→→A formulação da política de conteúdo local para dar prioridade aos serra-leoneses em termos de emprego.

→→A ênfase no desenvolvimento do sector privado e no reforço das parcerias público-privadas (PPP). O Banco Mundial, o DfiD e o BAD formularam estratégias para reforçar a participação do sector privado na recuperação da economia. O apoio à criação de PME foi considerado fundamental para alcançar este objetivo. Outra medida consiste em reduzir os obstáculos no domínio das empresas e tornar o ambiente muito favorável.

→→A promulgação da legislação sobre o salário mínimo para proporcionar oportunidades de emprego a muitos jovens

5.2.8 JUSTIÇA, INFRA-ESTRUTURAS E TRANSPORTES - Algumas das intervenções nestes sectores ao longo dos anos incluem: garantir o acesso à justiça a todos os serra-leoneses através da criação do Conselho de Assistência Jurídica, reestruturar o sistema judiciário e promulgar uma série de leis, como a Lei das Ofensas Sexuais de 2012, para reduzir a taxa de violência contra as mulheres no país; nas infra-estruturas - as estradas foram reabilitadas e alargadas, a produção de eletricidade aumentou, as redes de comunicação melhoraram consideravelmente, o aeroporto foi remodelado e está prevista a construção de um novo; nos transportes - as cidades e vilas foram ligadas a serviços de autocarros fiáveis com a recente aquisição de 100 autocarros, os ferries estão a ser constantemente reabilitados, mas o transporte marítimo foi reforçado com a concorrência de empresas privadas, foram introduzidos guardas de trânsito para melhorar a segurança rodoviária em todo o país.

CAPÍTULO 6 - RESUMO, CONCLUSÕES E RECOMENDAÇÕES

6.1 INTRODUÇÃO - Este capítulo concluirá todo o trabalho relacionado com o estudo sobre *"O Lado Negro do Desenvolvimento da Serra Leoa no Século 21st "*. Começará por apresentar um resumo de todo o trabalho, seguido das conclusões. Terminará com recomendações, especialmente para os sectores mais críticos, para que os serra-leoneses possam ter alguma esperança de sentir em breve os benefícios do desenvolvimento sobre eles e à sua volta.

6.2 SÍNTESE E CONCLUSÕES - A palavra *"desenvolvimento"* tem tido uma importância crucial para as pessoas, as instituições e as nações do mundo. Para o PNUD, em particular, é atualmente uma medida do grau em que os países conseguiram, ao longo do tempo, melhorar a vida dos seus cidadãos. Os dois princípios modernos deste desenvolvimento são a *"inclusão de todos"* e a *"distribuição equitativa"* dos benefícios deste desenvolvimento.

A questão do desenvolvimento tem sido trazida para a ribalta dos debates na Serra Leoa ao longo do tempo e este interesse tem sido devido à constatação de que, apesar da riqueza do país em recursos naturais e de uma população pequena, desde a independência tem sido consistentemente classificado como um país pobre com indicadores de pobreza muito alarmantes. O debate tem-se centrado (na maioria das vezes) em torno da questão *"porque é que ainda somos pobres no meio da abundância e de um clima favorável"?*

Assim, para contribuir para a discussão sobre o desenvolvimento da Serra Leoa, este estudo foi realizado para investigar *"O lado negro do desenvolvimento do país no século 21st "*. O principal objetivo deste estudo foi identificar e apresentar as áreas/sectores críticos do lado negro do desenvolvimento do nosso país. Este *"Lado Negro"* foi definido como *"áreas ou sectores em que não se registaram melhorias significativas ao longo do tempo, fazendo com que os benefícios do desenvolvimento não sejam sentidos pela maioria dos serra-leoneses"*.

Embora o estudo se tenha baseado fortemente na recolha de informações de fontes primárias, especialmente através de entrevistas e discussões em grupo, também se recorreu a fontes secundárias, incluindo publicações relevantes relacionadas com o tema. No que respeita à recolha de dados primários, foi elaborado um questionário simples contendo sete perguntas concisas para solicitar informações a um vasto leque de pessoas através de entrevistas presenciais. A análise dos dados foi robusta, com a utilização de ferramentas matemáticas e estatísticas simples, e os gráficos complementaram a análise para facilitar a interpretação dos resultados.

O processo de desenvolvimento do país não seguiu um plano coerente desde 2000, uma vez que passou de um programa para outro em termos de implementação - ou seja, do DERP 1 (2003 a 2006) para a Agenda para a Agenda (2007 a 2012), para a Agenda para a Prosperidade (2012 a 2014) e depois para as Prioridades de Recuperação do Presidente (2015 até à atualidade).

A economia do país, tal como se manifesta no PIB, tem sido encorajadora, tendo atingido um pico de quase 20% em 2013. No entanto, é amplamente aceite que estas taxas de crescimento não foram inclusivas. O PIB caiu a pique devido à queda dos preços no mercado mundial dos principais minerais exportados e à chegada da doença do vírus Ébola ao país em 2014. A inflação aumentou consideravelmente ao longo do tempo e a moeda do país também sofreu um sério golpe. Os indicadores sociais são muito preocupantes e o resultado é um baixo índice de desenvolvimento humano.

A literatura sobre o desenvolvimento tem-se centrado num único objetivo - a melhoria da vida das pessoas no mundo e a liberdade ilimitada relativamente às suas escolhas ao longo do tempo, embora com modelos e estratégias diferentes.

O estudo revelou que os serra-leoneses têm diferentes significados de "*desenvolvimento*", abrangendo uma vasta gama de questões - melhor educação e bom sistema de saúde, alimentação, oportunidades de emprego, prestação de serviços, liberdade, etc. 98% dos serra-leoneses estão firmemente convencidos de que as intervenções do governo nos vários sectores ao longo do tempo não transformaram significativamente as suas vidas. A importância da natureza crucial destes sectores levou à sua divisão em dois níveis - o nível A, constituído pelos sectores "*muito críticos*", e o nível B, constituído pelos sectores "*críticos*". Os sectores destes degraus foram ainda classificados em 6 categorias - "*mais crucial, mais crucial, de alguma forma crucial, menos crucial, crucial e não crucial*". Os sectores mais críticos em que não se registaram melhorias significativas desde 2000 são a educação, a saúde e o saneamento, a agricultura e a produção de eletricidade. Outros sectores críticos incluem o abastecimento de água, as oportunidades de emprego, a economia e o acesso à justiça. As razões para os desafios nestes sectores são enormes, mas o Governo continua empenhado em intervir, especialmente nos sectores "*mais críticos*", para benefício de todos os serra-leoneses.

Em conclusão, o desenvolvimento da Serra Leoa entre 2000 e 2016 foi avaliado pelos cidadãos numa média de 29%, o que implica que o desenvolvimento do país foi considerado "*menos encorajador ou impressionante*". A interpretação é que o processo de desenvolvimento do país durante este período foi "*pobre*", o que indica claramente que a maioria dos cidadãos ainda não beneficiou significativamente do processo de desenvolvimento e dos seus ganhos no seu país.

6.3 RECOMENDAÇÕES - As recomendações que se seguem não serão exaustivas, mas contribuirão em grande medida para assegurar uma melhoria, especialmente nos *"sectores críticos"* - educação, saúde e saneamento, agricultura, eletricidade, abastecimento de água, desemprego, economia e justiça - identificados no "*lado negro*" do desenvolvimento do país e para que os cidadãos possam beneficiar de qualquer desenvolvimento nos próximos anos. Estes incluem, entre outros, os seguintes aspectos:

i)   *Formulação de políticas* - Deve ser formulada uma política coerente (sem interferência política) e aplicada de forma sustentável nestes sectores críticos ao longo do tempo. No que se refere à educação, em particular, a mudança de política educativa de um governo para outro não contribuiu para o desenvolvimento deste sector, uma vez que se trata de um sector de longo prazo

processo. O mesmo se aplica à saúde e ao saneamento, cujas mudanças ao longo do tempo afectaram negativamente o seu desenvolvimento. No entanto, uma área muito importante de qualquer formulação política deste tipo deve visar a responsabilização pelas despesas e a produção de resultados concretos que aumentem a capacidade da comunidade internacional para responder eficazmente a surtos de saúde em grande escala, como demonstraram os casos de Ébola na Serra Leoa, Libéria e Guiné (FMI, 2016).

A agricultura e a eletricidade também não foram poupadas a esta incoerência política. Em tudo isto, uma forte formulação de políticas e a sua eventual implementação são a chave para assegurar a transformação nestes sectores.

ii)   *Investimentos no capital humano* - Deve haver um investimento significativo nestes sectores (especialmente na saúde e na educação), mas também nos sectores da agricultura, da eletricidade e do abastecimento de água, se se quiser ultrapassar os desafios que estes sectores enfrentam. No que se refere à educação, é mais do que tempo de o governo pensar em afetar pelo menos 20% do PIB do país a este sector. A maior parte desse montante deveria ser utilizada para o desenvolvimento de infra-estruturas, devendo ser dada a mesma atenção ao pagamento de salários adequados aos professores e conferencistas para garantir a motivação neste sector. O orçamento da saúde deve também ser reforçado para garantir a aquisição de equipamento e instalações modernas, incluindo medicamentos genuínos, e os profissionais de saúde devem ser satisfeitos com estruturas salariais satisfatórias. Isto porque a forma mais segura de melhorar o capital humano é através do aumento das despesas de educação, da formação no local de trabalho e de investimentos na saúde e na nutrição (Banco Mundial, 2006). Tais intervenções podem ser muito lucrativas, especialmente para países de baixo rendimento como a Serra Leoa, onde se espera que os investimentos no ensino primário produzam retornos mais elevados (Psacharopoulos e Patrinos, 2004).

Deverão também ser feitos investimentos apreciáveis nos sectores da agricultura, da eletricidade e do abastecimento de água.

iii) _Revisão das leis_ - Deverá também ser dada uma atenção séria à revisão das leis nestes sectores para que se adaptem às circunstâncias actuais.

iv) _Implementação da idade de reforma_ - O governo deve implementar à força a idade de reforma de 65 anos (sem discriminação ou favorecimento) para libertar espaço para oportunidades de emprego para o grande número de licenciados das instituições terciárias do país. Atualmente, esta lei está a ser implementada numa base ad hoc.

v) _Implementação da política de_ conteúdo _local_ - A política de conteúdo local deve ser aperfeiçoada e implementada à letra, para que os serra-leoneses possam não só beneficiar dos seus abundantes recursos naturais, mas também ter a oportunidade de participar nos processos de tomada de decisão, especialmente os que afectam o seu bem-estar.

vi) _Empenho genuíno no desenvolvimento do sector_ privado - O desenvolvimento do sector privado deve ser genuinamente encorajado a todos os níveis para o desenvolvimento destes sectores e deve ir além dos discursos em conferências ou fóruns. Deveria haver um compromisso no sentido de reduzir ou eliminar as burocracias ou as barreiras burocráticas que afectam o desenvolvimento do sector privado no país. Isto poderia ser muito importante, especialmente para os sectores da agricultura, da eletricidade e do abastecimento de água, bem como para estimular a economia do país.

vii) _Independência do poder judicial_ - Após quase 57 anos de independência, a Serra Leoa deve agora traçar um novo caminho no funcionamento do poder judicial, tornando-o completamente independente. A perceção do poder judicial aos olhos de muitos serra-leoneses é muito negativa, uma vez que tem sido acusado de não corresponder às expectativas em matéria de aplicação da justiça. Um exemplo muito importante é a demissão do Vice-Presidente eleito em 2014 pelo Presidente, em que o poder judicial decidiu que, de facto, o Presidente tem esses poderes, tal como estipulado na Constituição de 1991. O sistema judiciário da Serra Leoa deve ser desprovido de política, como demonstraram países como o Gana, a Nigéria, o Quénia, etc., se os serra-leoneses quiserem recuperar a confiança nele.

viii) Resolver o problema do desemprego dos jovens e da economia - Ao renovar a economia e criar oportunidades de emprego, deve ser dada uma atenção especial à resolução dos problemas do desemprego dos jovens no país. Considerado uma bomba-relógio por muitos observadores, os investimentos na juventude nos domínios da formação de competências, da tecnologia, do empreendedorismo, do agronegócio, da advocacia e do ativismo político serão fundamentais para transformar a vida dos muitos jovens do país. Em particular, a economia do conhecimento atrai muitos jovens, uma vez que as novas plataformas educativas têm o potencial de transferir competências e estimular a inovação entre estes jovens (UN, Special Edition 2017). Para este efeito, a NAYCOM (a agência governamental para o desenvolvimento da juventude no país) deve ser totalmente apoiada pelo governo através de um aumento orçamental e autorizada a desempenhar o seu papel no desenvolvimento da juventude no país. Isto significa que deve haver uma forte sinergia e colaboração entre o MOYA (o Ministério supervisor do governo para as questões da juventude no país) e a NAYCOM para a prossecução colectiva do desenvolvimento da juventude no país. O papel e o apoio prestados pelo PNUD ao sector da juventude devem ser louvados e continuar a ser apreciados, mas não se deve confiar inteiramente neles.

No que respeita à economia, os ganhos do crescimento ou do PIB devem agora ser inclusivos e equitativos para benefício de todos. Os serra-leoneses não ficam satisfeitos quando lhes dizem que têm *"uma das economias de crescimento mais rápido do mundo"*, mas que isso não se reflecte nas suas vidas. Por conseguinte, as deficiências do PIB no país tornaram-se especialmente óbvias no seu fracasso em resolver a desigualdade (FMI, 2017). Por conseguinte, as intervenções a favor dos pobres para incluir os vulneráveis e os deficientes físicos, o aumento das redes de segurança social, o acesso ao financiamento e a capacitação das empresas femininas, a disponibilização de instalações de habitação, etc., são formas de garantir uma distribuição justa dos ganhos do crescimento.

ix) Travar a corrupção - A luta contra a corrupção em todos os sectores do país deve ser levada ao mais alto nível, através da eventual promulgação de leis draconianas (provavelmente segundo o modelo chinês) de prisão perpétua, penas de morte suspensas ou mesmo penas de morte. A corrupção tem tido um impacto devastador no desenvolvimento do país, uma vez que os sucessivos relatórios de auditoria (entre outros) têm revelado uma enorme fuga de recursos financeiros para outras utilizações. Este facto levou o país a ser classificado com êxito pela Transparência Internacional como um dos países mais corruptos do mundo. A TI classificou o país numa posição muito baixa - 146 de

179 países em 2009; 134 em 2010 e 2011; 123 em 2012; 119 em 2013, 2014, 2015 e 2016 (TI - várias fontes). A transformação nestes sectores (e especialmente nos sectores de desenvolvimento humano da saúde e da educação) em benefício da população será difícil (se não mesmo impossível), se não forem tomadas medidas sérias para travar a corrupção a todos os níveis.

Para tal, é necessária uma liderança política forte e disciplinada ao leme da governação, que estabeleça o ritmo para a eliminação ou redução drástica da corrupção no país.

APÊNDICES

APÊNDICE 1 - MATRIZ ABRANGENTE DAS PESSOAS ENTREVISTADAS PARA ESTE ESTUDO SOBRE O DESENVOLVIMENTO DA SERRA LEOA.

NÃO	NOME	IDADE (ANOS)	OCUPAÇÃO	CONTACTO
1	Ewa Abdulai Xerife	40	Imã	13 Jusu Dambo Street, Bo Kenema Highway, Bo 077/348721 ; 079/ 960637
2	Rashida Xerife (Menina)	35	Comerciante de animais domésticos	099/ 280 147
3	Yusuf Sesay	36	Estudante	076/ 660647; 077/ 378702
4	Mohamed P Bangura	48	Homem de negócios	Ferry Junction, Freetown
5	Yayah H Fofanah	52	Professor	Thunder Hill, Freetown
6	Mustapha Moijueh	26	Estudante	94 Kissy Brook, Freetown. 078/537317
7	Haja Banya	24	Estudante	078/356499
8	Peter S Cowan	36	Trabalhador independente	Off Sheriff Drive, Lumley, Freetown; 076/ 427901
9	Rachael Momoh (Menina)	22	Estudante	103 Regent Road, Freetown 079/ 5111214
10	Simeão L D Thomas	52	Trabalhador independente	076/641696
11	Sulaiman Barrie	27	Estudante	62E Upper Thunder Hill, Kissy MM - Freetown; 076/ 107 976 '
12	Ibrahim A Sesay	32	Professor	088/850530
13	John Foday Mbemba	27	Engenheiro eletrotécnico	076/ 420 830
14	Chernor A R Conteh	34	Professor	077/ 260 447
15	Sorie I Sesay	29	Treinador de futebol	076/ 802 232
16	Mohamed A D Kanu	26	Estudante	076/ 977 050
17	Zainab Kargbo (Sra.)	40	Comerciante	078/ 233 472 099/ 672 550
18	Abibatu	23	Estudante	076/ 902 300

	Kanu (Menina)			
19	Kadiatu Kamara (Menina)	35	Comerciante	077/ 292 202
20	Abubakarr Bangura	29	Professor	077/ 990 306
21	Filipa Sesay (Menina)	37	-75- Banqueiro	2 Mammah Street, Freetown; 076/ 547 568
22	Emmillian Y Bangura	18	Estudante	15 Peter Lane, Freetown. 030/ 755 294
23	Nenneh J Bah (Sra.)	36	Comerciante de animais domésticos	24 Fourah Bay Road, Freetown; 077/ 634 536
24	Sulaiman Amadu Jalloh	25	Ciclista	Block 14, Prison Barracks, Freetown; 077/241 289
25	Mohamed Sgeriff	18	Estudante	39 Fergusson Street, Freetown; 077/ 768 998
26	N'faji Kabba-Turay	26	Estudante	34 Fergusson Street, Freetown; 076/ 232 466
27	Mohamed J Ganawa	32	Docente	076/ 956 774 077/ 956 774
28	Samuel J Braima	57	Professor Sénior	076/611 321
29	Albert Sheriff	30	Jornalista	078/ 719 006
30	Jattu Bckarie (Menina)	24	Estudante	28 Syke Street, Freetown 077/ 549 905
31	Ismael P Kamara	47	Médico Profissional	077/ 299 162
32	Lamin Xerife	23	Estudante	28c Syke Street, Freetown 078/ 394 949
32	Konima B Kamara (Senhora)	45	Assistente social (Oxfam)	076/ 726 997
33	Michael Godwin	43	Auditor (KPMG)	030 444 157
34	Ibrahim F Sawaneh	25	Licenciado em Direito	076/ 790 162
35	Isatu Sesay (Menina)	45	Comerciante	088/128793
36	Abdul Sheriff	24	Estudante	076/ 269 878

	Kamara			
37	Amadu Bah	18	Estudante	077/ 820 439
38	Saudatu A Koroma (Menina)	20	Estudante	076/ 768 462
39	Harold Sutton Koroma	59	Professor de condução	078/ 004 980
40	Matilda Stevens (Menina)	19	Estudante	14 Richard St, Freetown 079/ 807 347
41	Ernestine Ajax (Menina)	23	-76- Estudante	13 Richard St, Freetown 076/ 929 252
42	Sorie Munu	41	Estudante	53 Off Pratt Street, Freetown 088/ 575 411
43	Sallieu Sesay	36	Empreiteiro	22 Off Haneson, Freetown 077/ 404 694
44	Silvestre Joe	25	Estudante	076/ 760 607 030/ 208 412
45	Adamu Bayoh	39	Técnico	099/ 612 902
46	Patrick Lahai	65	Contabilista	077/ 610 298
47	Sarian Sento Kargbo (Menina)	24	Serviço de catering	088/861 897
48	Inácio George	38	Docente	088/ 856 726 078/ 784 736
49	Ibrahim Rogers	26	Estudante	076/ 964 354
50	David Bull	30	Professor	076/ 500 284
51	Margaret Swaray (Menina)	42	Comerciante	076/ 251 656
52	Kumba Moinia (Menina)	22	Cabeleireiro	078/ 524 695
53	Zyna Gordon-Browne (Menina)	33	Contabilista Rutilo da Serra	076/ 801 413
54	Mary Magd Kelfala (Menina)	21	Estudante	078/ 979 282
55	Dessica Cole	21	Estudante	52 Cowan Drive, Freetown
56	Kobi Walker	52	Trabalhador da	NP House, Cotton Tree 078/ 240

			empresa	111
57	Patricia Sesay (Menina)	35	Mulher de negócios	44 Sani Abacha Street, Freetown
58	Abdul Conteh	31	Segurança	Centro de Operações de Emergência, Freetown
59	Dauda Mansaray	56	Docente	20 Circular Road, Freetown 078/ 805 897
60	Adama Sillah (Menina)	25	Licenciado Desempregado	71 Regent Road, Freetown 078/ 030 544
61	Thomas Gogra	27	Licenciado	72 Regent Road, Freetown 076/ 680 821
62	Aiah Yedeh	32	Funcionário público	Wilson Street, Freetown 076/ 704 063
63	Mohamed Sesay	23	Carpinteiro	12 Fifth Street, Freetown 077/ 632 108
64	Kadiatu Kamara (Menina)	24	Estudante	10 Fifth Street, Freetown 077 063 741
65	Yakuba Sesay	36	Ciclista (Okada)	Lungi 099 267 179
66	Isata Kargbo	28	Estudante	10 Fifth Street, Freetown 076/ 464 164
67	Mohamed C Jalloh	27	Licenciado	10 Fifth Street, Freetown 076 338 114
68	Alhaji Alieu Bangalie	24	Licenciado	27 Henry Street, Freetown 076/ 705 234
69	Christopher Kalokoh	23	Estudante	078/ 473 379
70	Desmond Mondeh	47	Professor	079/ 259 272
71	Alusina Koroma	37	Condutor	077/ 624 283
72	Rev. Amos Obediah Gordon	47	Pastor sénior	079/ 453 974
73	Andrew M Sesay	26	Estudante	077/ 393 849
74	Augusta A Kalokoh (Menina)	32	Assistente social, Cruz Vermelha	077/ 638 413
75	Musa Bendu	23	Estudante	11 Cole farm, Off Wilkinson Road, Freetown 076/ 175 752; 088/ 377

				170
76	Samuel D Sesay	23	Funcionário público	079/ 029 217
77	Frank Kellie Kargbo	26	Professor	3 Owen Lane, Off Wilkinson Road, Freetown, 077/ 872 059
78	Mohamed Conteh	29	Zelador	Juba, Freetown 088/ 452 435
79	Moses P Conteh	30	Estudante	51 Lawrence Street, Goderich, Freetown; 078/ 446 815
80	Mariatu Sillah (Menina)	25	Cabeleireiro	078/ 136 576
81	Ibrahim Sillah	41	Professor	East End, Freetown 088/ 669 115
82	Amadu Jalloh	32	Empresário	078/ 669 066
83	M.P. Fiedling	45	Assistente social	076/ 294 525
84	Betty Coker Davies (Sra.)	55	Diretor, Escola FAWE	Goderich, Freetown 076/ 878 376
85	Sylvester Bob Hadji	33	Docente	078/ 777 782
86	Ibrahim Sankoh	24	Estudante	33 Sackville Street, Freetown
87	Steven Davies	32	Barbeiro	Regent Street, Freetown
88	Sahr Yambasu	28	Talhante	7 Lumley Street, Freetown
89	Mohamed Kamara	29	Motorista de táxi	24 Regent Street, Freetown
90	Lamranah Bah	26	Alfaiate	Regent Sreet, Freetown
91	Abubakarr Conteh	36	Condutor de mota (Okada)	Sackville Street, Freetown
92	Sulaiman Conteh	27	Operador de tele centro	Rawdon Street, Freetown
93	Abdul Bah	55	Mecânico de garagem	17 Sackville Street, Freetown
94	Osman Kalokoh	25	Estudante	2 Mamba Ridge, Freetown 077/ 216 286
95	Ibrahim Mansaray		Contabilista	34 Blackhall Road, Freetown
96	Albert Sankoh	23	Estudante	Patton Street, Freetown
97	Sahr E Sandi	26	Desempregado	65 Blackhall Road, Freetown

				077/ 661 915 078/ 753 591
98	Mac T Conteh	25	Estudante	20 George Brook, Freetown 077/ 823 287; 076/ 937 272
99	Thaimu Bangura	29	Professor	17 George Brook, Freetown 078/ 277 312
100	Jónatas Allie	28	Trabalhador de ONG	20 George Brook, Freetown 078/ 649 022; 088/ 886 736
101	Emmanuel S Saidu	38	Aquisição Especialista	Nova Inglaterra, Freetown 076/ 642 265
102	John Conteh	35	Funcionário público	Wilkinson Road, Freetown 076/ 617 208
103	Mohamed H S Dukuray	23	Estudante	42 Taylor Street, Freetown 076/ 285 147
104	Michael Komah	38	Banqueiro	14 Taylor Street, Freetown 078/ 858 010
105	Mohamed Swaray	28	Funcionário público	52 Gasama Street, Freetown 077/ 411 316; 079/ 688 320
106	Ramatu Kargbo (Sra.)	42	-79- Mulher de negócios	6 Taylor Street, Freetown 088/ 426 216
107	Juliana Komah (Sra.)	36	Estudante	14 Taylor Street, Freetown 076/ 680 062
108	James Metzger	25	Estudante	Monte Aureol, Freetown 079/ 650 708
109	Emmanuel N Momoh	26	Leitor de notícias	Kamanda Farm, Mount Aureol, Freetown 079/ 479 399
110	Ibrahim S Jalloh	24	Estudante	Calaba Town, Freetown 076/ 752 354
111	Bob Kajue	25	Estudante	Monte Aureol, Freetown 078/ 765 722
112	John Terry	24	Estudante	Lowcost, Kissy, Freetown 078/ 900 506
113	Cláudio Williams	22	Estudante	Lumley, Freetown
114	Abubakarr Turay	30	Estudante/ Professor	24 Looking Town, Freetown 077/781 771
115	Hassan Conteh	25	Estudante/ Empresário	8 Easton Street, Freetown 077/ 260 786
116	Foday Jalloh	26	Estudante	33 Guard Street, Freetown 088/

				656 085
117	Ibrahim Kamara	24	Comerciante	45 Metzger Lane, Freetown 030/ 253 530
118	Mohamed Mansaray	27	Estudante	27 Mamba ridge, Freetown 078/ 291 117; 077, 264 646
119	John B Conteh	25	Professor	Monte Aureol, Freetown 078/ 634 944
120	Alvin S J Gborie	27	Condutor	Leicester Road, Freetown 076/ 134 746
121	Alimamy Kamara	35	Funcionário público	27 Sesay Lane, Freetown 088/ 750 492
122	Lovetta K Samura (Menina)	26	Enfermeira	Monte Aureol, Freetown 077/ 537 848
123	Abdul Sesay	28	Cavaleiro de Okada	077/ 482 955
124	Brima Nyallay	26	Estudante	B2 King-Harman Road, Freetown 078/ 937 046
125	Jususfu S Abdulai	26	Comerciante	088/ 801 892
126	Mohamed V Lansana	25	Estudante	088/ 230 517
127	Marian M Nyallay (Menina)	28	Enfermeira	078/ 254 481
128	Peter Kabbia	24	Estudante	030/ 814 725
129	Ibrahim Ben Kargbo	27	Estudante	077/ 737 928
130	Sulaiman Mansaray	42	Agente da polícia	Não indicado
131	Mohamed Kamara	38	Carpinteiro	Não indicado
132	Alpha Fomba	30	Professor	PWD Junction, Freetown
133	Mohamed S Turay	21	Barbeiro	077/ 351 221
134	Ibrahim Y Turay	22	Estudante	10 Grant Lane, Off Mountain Cut, Freetown 077/ 259 938; 078/ 278 310
135	Soriel Samura	50	Comerciante	076/ 903 602

136	Morlai Samura	26	Cavaleiro de Okada	088/ 854 016
137	Mabinty S Conteh (Menina)	22	Estudante	088/ 222 036
138	Emmanuel S Sannoh	35	Estudante	2 Thoronka Drive, Hill Station, Freetown; 030/ 727 249
139	Hassan Koroma	34	Condutor	2 Off Pratt Street, Freetown; 088/ 800 441
140	MoisésK Korpoi	37	Comerciante	52 Pratt Street, Freetown; 078/ 623 955; 077/ 408 723
141	Alhassan D Konneh	28	Estudante	62 Soldier Street, Freetown 078/ 880 617
142	John Renner	37	Topógrafo	18 Pratt Street, Freetown 076/ 237 180; 077/ 450 966
142	Fatmata Sesay (Sra.)	37	Comerciante	42 Fergusson Street, Freetown
144	Alhaji Tanu Jalloh	26	Estudante	53 Off Henneson Street, Freetown; 076/ 405 222
145	Ibrahim Sillah	31	Estudante	2 Gray Lane, Congo Town, Freetown; 076/ 642 073
146	Ahmed M Kamara	34	Estudante	077/ 566 999
147	Foday Abu Kamara	24	Estudante	079/ 137 028; 088/ 352 108
148	Mohamed S Dumbuya	29	Comerciante	088/ 063 618
149	Yusuf Kamara	37	Condutor	077/ 246 554
150	Minkailu Sesay	47	Homem de negócios	1 Gagalean, Makeni
151	Albert Kamara	35	Professor	11 Station Road, Makeni
152	Abdull Kamara	27	Estudante	079/ 475 694
153	Ramatu M Bangura	25	Enfermeira	52 Upper Waterloo Street, Freetown; 088/ 652 060
154	Chuku Henry A	49	Impressora	Concord Times Press

	Perry			
155	Abu S Moi	45	Professor	30J Thunder Hill, Freetown
156	Samuel Irvan Castanho	48	Pastor	Igreja de Jesus Cristo dos Santos dos Últimos Dias, Wellington
157	Judith Ariva Bangura (Menina)	20	Estudante	80 Thunder Hill, Freetown; 076/ 363 919
158	Tejan Barrie	24	Estudante	5 Barrie Drive, Freetown 079/ 334 089
159	Kadiatu Bangura (Menina)	24	Estudante	Kissy Road, Freetown; 079/ 132 367
160	Zainab Kargbo (Menina)	30	Comerciante	88 Thunder Hill Road, Freetown; 099/ 771 025
161	JoãoA Sankoh	22	Estudante	86 Thunder Hill Road, Freetown; 079/ 015 029
162	Arnaldo Elba	23	Estudante	12 Freetown Road, Lumley, Freetown; 030/ 717 503
163	Marcella B Campbell (Ms	44	Professor	48 Freetown Road, Wilberforce, Freetown; 079/ 112 778
164	BibbyM Koroma	23	Estudante	53 Main Motor Road, Wilberforce, Freetown 088/ 412 272
165	Wyndo Koroma	20	Estudante	53 Main Motor Road, Wilberforce, Freetown 076/ 123 184
166	Xerife de Sydney	24	Estudante	48 Freetown Road, Wilberforce, Freetown; 078/ 520 275
167	Maurice Williams	30	Rececionista	40 Freetown Road, Wilberforce, Freetown; 088/ 276 555
168	Joseph S Jah	39	Estudante	10 Kennedy Street, Freetown 078/ 537 461
169	Alima Mansaray	33	Comerciante	10 Alfred Street, Freetown 030/ 460 515
170	Ishmeal Bayoh	25	Cavaleiro de Okada	9 Alfred Street, Freetown 030/ 736 166
171	Abubakarr Kanu	32	Comerciante -82-	Kennedy Street, Freetown 077/ 766 329

172	Príncipe Thompson	24	Comerciante	Kennedy Street, Freetown 077/ 328 710
173	Hassan A Kamara	33	Empresário	4 Alfred Street, Freetown 077/ 589 930
174	Michael Macarthy	25	Estudante	14 Syke Street, Freetown 079/ 766 331
175	Maada Jusu Songa	25	Artesão	16 Sewa Road, Bo 076/ 499 784
176	Mohamed Fofana	23	Estudante	13 Pyne Street, Freetown 076/ 935 333
177	KadijaJ Bangura (Menina)	19	Estudante	35 Sackville Street, Freetown 078/ 731 580
178	Hawa Swaray Kallon (Menina)	42	Dona de casa	078/ 582 868
179	Osman Kargbo	20	Vendedor de água	34 Mellon Street, Freetown
180	Foday Saffa	20	Alfaiate	CawanDrive, Malama, Freetown; 030/ 425 246
181	Marian Willaims (Mrs	42	Dona de casa/ Mulher de negócios	4 King Street, Freetown 078/ 719 200
182	Cláudia Davies (Menina)	50	Administrativo Assistente	Deep Eye Water, Waterloo 076/ 633 736
183	Julian Scott	22	Estudante	Deep Eye Water, Waterloo 078/ 465 981
184	Umar D M Sesay	27	Estudante	29 Edward Drive, Malama Freetown
185	Alfa O Bah	24	Estudante	79 Old Allen Town Road, Freetown;
186	Elver Forster	23	Estudante	Sanders Street, Freetown
187	Mustapha A Conteh	32	Funcionário público	79 Old Allen Town Road, Freetown
188	Dora Fornah (Menina)	30	Rececionista	Kabba Street, Rokupr, Freetown 088/941 034
189	RashidA Kamara	34	Professor	2 Kamula Drive, Rokupr, Freetown
190	Abubakarr Sesay	34	Estudante	1 Kamula Drive, Rokupr, Freetown; 078/ 862 551
191	Alpha U Bah	24	Estudante	076/ 725 507

192	AlfaA Kamara	23	Cavaleiro de Okada	077/ 712 379
193	Domingo A Kargbo	67	Técnico	078/ 852 789; 088/ 745 870
194	Hassan R Kamara	26	Estudante	078/ 160 325; 030/ 398 444
195	Suhunum Bah	25	-83- Estudante	079/ 789 643
196	Ibrahim Bah	35	Homem de negócios	076/ 554 653
197	Sr. Bukum	61	Professor	078/ 329 757
198	Ibrahim Jalloh	28	Estudante	079/ 300 086
199	Isatu Mansaray	35	Estudante	14 Escola aprovada, Freetown (Ms) 076/ 290 687
200	Yusuf Kanu	24	Estudante	24 Escola aprovada, Freetown 079/ 175 981
201	Alie Sesay	36	Cavaleiro de Okada	16 Father Street, Makeni 088/ 528 279
202	FodayA Bangura	30	Agente de segurança	Cidade de Kambia, 076/ 798 309
203	Ibrahim Kamara	33	Empresário	Milha 91, Distrito de Tonkolili 088/ 809 825
204	Abdul Conteh	38	Comércio de animais de estimação	Mile 91, Distrito de Tonkolili 077/ 442 688
205	Mohamed AF Turay	22	Aluno da escola	100 Teneba Road, Freetown 077/ 526 698
206	Xeque M F Kamara	42	Imã	20 Nicol Terrace, Freetown 077/ 406 724
207	Ibrahim Koroma	39	Empreiteiro	Magburaka, Distrito de Tonkolili 077/ 820 815
208	Alpha Kanu	47	Conselheiro	Sanda Gbanti Kamaranka, distrito de Bombali; 076/ 381 855
209	Abass Kamara	50	Condutor	Rokel, distrito de Kambia 076/ 732 219
210	Eduardo Vonjoe	53	Carpinteiro	Bo; 088/ 551 330
211	Fanta Saccoh	46	Dona de casa	076/ 661 011

	Junisa (Sra.)			
212	Victor Turay	46	Professor	Escola Secundária de Santa Helena, Kissy, Freetown
213	Mary Somassah	26	Estudante	45 Kissy Bye Pass Road, Freetown, 078/ 178 924
214	Morie Saffa	46	Professor	Escola Secundária de Santa Helena, Kissy, Freetown; 076/ 639 327
215	Mohamed I Bangura	27	Estudante	48 Metzger Lane, Freetown 030/ 882 799
216	Aminata N Kabba (Menina)	21	Comerciante	22 Dundas Street, Freetown 077/ 661 756
217	Isabel Macarthy (Menina)	26	Professor	Bryne Lane, Freetown 078/ 750 075
218	Mohamed Kamara	47	-84- Banqueiro	16 Newcastle Street, Freetown
219	MoisésB Bangura	52	Auditor	48 Metzger Street, Freetown 076/ 624 203
220	IsatuM Kamara (Menina)	20	Estudante	29 Lucas Street, Freetown
221	Mohamed Sesay	24	Estudante	Action Aid Lumley, Freetown
222	Abdulai Sesay	21	Estudante	15 Sani Abacha Street, Freetown
223	Mohamed L Sesay	25	Estudante	Action Aid Lumley, Freetown
224	Genevieve Campbell (Menina))	34	Estudante	Moyamba House, Kingtom Quartel da Polícia, Freetown 078/ 941 818; 077/ 542 542
225	Mabinty Kamara (Menina)	42	Comerciante	42 Kroo town Road, Freetown 030/ 855 079
226	Abdulai Kargbo	28	Cavaleiro de Okada	8 Hamilton Street, Hastings, Freetown 030/ 162 370
227	Mariama Kargbo (Menina)	27	Estudante	4 Upper Patton Street, Freetown, 030/ 200 096

228	Alusine Sesay	32	Supervisor	35 Leah Street, Freetown 076/ 242 434; 088/ 662 624
229	Fatmata Koroma (Menina)	31	Professor	40 Fergusson Street, Freetown
230	Ibrahim Macfoy	23	Professor/aluno	1 Cox, Kissy, Freetown 077/ 939 368
231	Mohamed Y Bangura	31	Professor	10 Upper Allen Street, Freetown, 077/ 282 869
232	Ruth N Luseni (Menina)	32	Professor/aluno	97 Thunder Hill Road, Freetown 079/ 222 678
232	Ishmael Sandy	27	Estudante	26 Nicol Street, Freetown 078/ 881 438; 076/ 552 959
233	Foday Bangura	29	Estudante	Savage Street, Freetown 077/ 353 763
234	Hassanatu Kamara (Menina)	27	Estudante	Gassama Street, Calaba Town, Freetown; 077/ 404 358
235	Ibrahim Conteh	30	Professor	079/ 084 956
236	Mohamed Samura	40	Comerciante	Kabbah lane, Freetown 077/ 479 578
237	Abu Turay	56	Agricultor	19 Samuel Street, Makeni 077/ 715 964
238	Abubakarr NT Kamara	34	-85- Estudante	076/ 551 711
239	Foday S Baio	20	Estudante	198 Bai Bureh road, Freetown 088/ 204 062
240	Ramata Turay (Menina)	37	Comerciante	3 Edward Lane, Freetown 077/ 246 565
241	Jonathan T Beah	25	Estudante	Quinta de Kamanda, Freetown 079/ 580 733
242	Hawanatu Thompson	30	Engenheiro	Aberdeen, Freetown 076/ 692 023
243	Alfa Y Bah	23	Estudante	7 Batalhão, Goderich, Freetown
244	Fatmata Dumbuya (Menina)	23	Estudante	5 Main Motor Road, Wilberforce, Freetown; 076/ 690 643
245	Amadu Dumbuya	35	Banqueiro	7 Main motor road, Wilberforce, Freetown
246	Ismael	34	Auditor	5 Main Motor Road, Wilberforce,

	Fofanah			Freetown
247	Alie Osman Gbla	26	Estudante	K8 Kortright, FBC, Freetown 079/ 420 548
248	Osmatu Bangura	25	Segurança/ Gardner	Leicester Road, Freetown 077/ 559 024
249	Sallu Koroma	24	Professor	K1 Kortright, FBC, Freetown 078/ 908 363
250	Gifty Smart	25	Estudante	100 Campbell Street, Freetown
251	Augusta S Kargbo (Menina)	24	Enfermeira	25 Benjamin Lane, Freetown 088/ 239 192
252	Musa Koroma	23	Professor	105 Campbell Street, Freetown 076/ 755 804
253	Alusina Kamara	27	Comerciante	K 25 Kortright, Freetown 078/ 025 969
254	AlhajiS Kamara	26	Estudante	K 1 Kortright, FBC, Freetown 076/ 881 441
255	Adamson k Bockarie	24	Estudante	Quartel da Polícia de Grafton, Freetown, 078/ 889 444
256	Abubakarr S Sesay	26	Estudante	Red Pump, Freetown 030/ 558 070
257	Satenah Bah	38	Carpinteiro	Riverside Drive, Freetown 076/ 687 723
258	Kekura Banya	24	Estudante	B 32 Off King Harman Road, Freetown 078/ 025 903
259	Abdull Mansaray	27	Professor	Hill Cut Road, Freetown 076/ 542 103
260	Samba Turay	66	-86- Conselheiro	134 Fourah Bay Road, Freetown 077/ 397 098
261	Mohamed Kargbo	32	Presidente	23 City road, Freetown 077/296 986
262	Alim kamara	45	Presidente	14 Vandi Street, Rokupr, Freetown, 077/ 584 915
263	Fode Kebe	25	Cavaleiro de Okada	35 Tenneh Bah Road, Kuntolor, Freetown; 077/ 896 940
264	Harrison B Swaray	66	Secretário	19 Alfonson Lane, Freetown 025/ 337 898
265	Moina Swaray	30	Freelance	2 Beudu Road, Kailahun 078/ 216 110

266	Swaud Koroma	23	Estudante	51 Old Railway Line, Freetown 079/ 426 776
267	DaudaS Jalloh	25	Estudante	19 Alfonson Lane, Freetown 078/ 670 510
267	Mohamed A Kamara	25	Estudante	11 Lucas Street, Freetown 079/ 765 663; 088/ 107 545
268	Musa M Conteh	23	Estudante	11 Lucas Street, Freetown 078/ 753 751
269	Dr. Mohamed Koroma	57	Docente	Departamento de Matemática, FBC, Freetown, 076/ 571 020
270	Musa Conteh	31	Comerciante	10 Water Lane, Mountain Cut, Freetown, 030/ 123 093
271	HassanR Kamara	27	Estudante	11 Lucas Street, Freetown 030/ 160 325
272	Annabel Hynes (Menina)	24	Licenciado	7 Watson Street, Freetown 076/ 762 719
273	Moisés Xerife	26	Responsável pelos direitos humanos	Wellington Street, Freetown
274	Bakar Turay	22	Estudante	Monte Aureol, Freetown
275	AbibatuS Kamara (Menina)	21	Funcionário público	17 Canton Street, Freetown 088/ 562 305
276	Dunstan Kamanda	24	Condutor	7 Zarra Lane, Freetown 076/ 479 556
277	Mohamed Kamara	29	Homem de negócios	62 Kissy Road, Freetown 077/ 264 646
278	John Conteh	28	Condutor	7 Conton Street, Freetown 079/ 749 419
279	Rebeca Lamin (Ms)	23	Estudante	38 Leah Street, Freetown 078/ 904 396
280	Ibrahim Mansaray	60	Alfaiate	20 Hospital Road, Kissy, Freetown; 088/ 533 044
281	Hamidu Bah	29	-87- Contabilista	59 Main Road, Congo Town, Freetown; 078/ 516 596
282	Lansana K Bayoh	21	Estudante	Deepea Water, Waterloo, Freetown; 078/ 445 465
283	Mohamed Summah	32	Condutor	Mango Browne, Freetown 077/ 927 904

284	Alex Bangura	24	Planeador de eventos	Charles Street, Freetown 076/ 698 066
285	Hawanatu Koroma (Menina)	26	Comerciante	Sorie Town, Freetown
286	Umaru Kamara	22	Estudante	Regent Road, Freetown 077/ 488 265
287	John Pessima	19	Ciclista	Mamba Ridge, Freetown 088/ 391 306
288	AaronA Koroma	27	Estudante	119 Hospital Road, Freetown 088/ 264 969
289	CecíliaH Turay (Menina)	23	Estudante	Samuel Street, Freetown 030/ 882 090
290	Mary Kargbo (Menina)	42	Enfermeira	Rokel, Freetown 079/ 456 976; 030/ 006 973
291	Pa Alie Kanu	67	Chefe local	Old Railway Line, Freetown 077/ 666 452
292	AbdulA Kargbo	24	Estudante	119 Hospital Road, Freetown 088/ 236 080; 076/ 762 126
293	UmaruM Jalloh	25	Estudante	1 Upper Newstead Lane, Freetown; 088/ 829 787
294	Chernor Kanu	24	Estudante	5 Lower Mellon Street, Freetown; 088/ 691 108
295	Morlai Kamara	45	Comerciante	7 Upper Hook Street, Kissy, Freetown; 077/ 017 940
296	Alfa Ramneh Turay	20	Mecânico	10 Hill Top, Wellington, Freetown; 030/ 225 589
297	Edwina Anderson (Menina)	22	Estudante	3 White Street, Brookfields, Freetown; 078 702 453
298	David Macaule	27	Funcionário público	25 Edwards Street, Freetown
299	Alpha U Kanu	24	Estudante	11 Wilkinson Road, Freetown 077/ 464 794
300	Ibrahim Jalloh	63	Estudante	63 Pademba Road, Freetown
301	David Kamara	26	Agente de correção	24 Liverpool Street, Freetown 077/ 680 010
302	Mustapha Conteh	37	Ciclista	Up Gun Turntable, Freetown 077/ 611 551
303	Binta Jalloh	20	Estudante	1 Murray Town Road, Freetown;

				079/ 489 017
304	Abdulai Kondeh	35	-88- Condutor	Wilberforce, Freetown
305	Ibrahim A Bah	24	Estudante	Wilberforce, Freetown
306	Winstona C Taylor (Menina)	37	Secretário	Freetown
307	Morlai Conteh	38	Funcionário público	Freetown
308	Vandi Xerife	21	Vendedor de complementos	Freetown; 099/188 917
309	Rev. Samuel Johnson	76	Reverendo	Igreja de Wilberforce, Freetown;
310	Talatu Jalloh	24	Estudante	65 Lumley Road, Freetown; 079/ 418 888
311	Samuel Cole	28	Professor	Lumley Road, Freetown
312	James Momoh	28	Alfaiate	Omola Bush, New England, Freetown; 030/ 529 959
313	Massah Thomas (Menina)	33	Empregada doméstica	Nova Inglaterra, Freetown; 099/ 759 914
314	Theresa Momoh (Menina)	42	Cosmetologia	Jui, Freetown; 088/ 983 913
315	Kenneth Lamin	21	Estudante	15 Hanneson Street, Freetown 076/ 367 147
316	Isaac Lahai	43	Comerciante	65 Soldier Street, Freetown 079/ 482 924
317	Sylvanus Tiago	34	Estudante	Sima Town Devil Hole, Freetown; 076/ 845 373
318	F. Bundu	37	Agente correcional	Quartel Correcional, Pujehun; 076/ 708 164
319	Augustine M Kebbie	38	Conselheiro, Conselho Distrital de Pujehun	Conselho Distrital de Pujehun, Freetown; 078/ 405 833 088/ 144 285
320	SonnieB Williams	45	CivilServant , MAFFS	Pujehun, 079/ 878 726
321	Henry Boima	48	MAFFS, Pujehun	Pujehun, 078/ 236 406
322	Amie Koroma	35	Comerciante	Cidade de Pujehun
323	Musa Sheriff	39	Vigilância das doenças Funcionário	Cidade de Pujehun; 076/ 607 215 088/ 284 595
324	Fayih J	46	Registo do Tribunal	Tribunal de Pujehun, Pujehun;

	Mansaray			076/541 724
325	Muniru Jusu	44	Agente correcional	Cidade de Pujehun; 078/ 516 915 030/ 025 235
326	Keifala Brima	50	Secretário em exercício	Hospital Governamental de Pujehun 078/ 076 267; 088/ 056 830
327	R E George	56	Superintendente	Diretor, Centro Correcional, cidade de Pujehun; 077/ 171 013
328	Margaret Jajue (Menina)	47	Professor	Escola do Santo Rosário, Pujehun; 088/ 873 310
329	ASP M Hargbo	47	Centro Correcional	Pujehun, 078/ 309 381
330	Charles M Seiwoh	49	Médico	Hospital governamental, Pujehun; 076/ 847 564
331	Alusine Conteh	47	Funcionário público	Portee, Freetown; 076/ 871 449
332	Victoria Saffa (Menina)	24	Estudante	Wellington, Freetown 079/ 474 490
333	Musa Bangura	25	Estudante	Portee, Freetown 077/ 346 552
334	Abdulai Kanu	26	Estudante	Shell Company, Freetown 099/ 773 236
335	IbrahimK Sésamo	25	Estudante	Portee, Freetown 077/ 937 910; 079/ 397 494
336	Amadu Jalloh	30	Estudante	41 Bismarck Johnson Street, Freetown; 077/ 651 014
337	Fatmata Soriba (Sra.)	55	Mulher doméstica	4 Fattarahman Street, Freetown
338	AloísioE Seppeh	31	Estudante	56 Bismarck Johnson Street, Freetown
339	Tejanie Combay	25	Estudante	11 Kissy brook, Freetown 099/ 436 967
340	Mohamed O Bangura	33	Professor	15 Mammy Yoko Street, Freetown; 077/ 907 495
341	MabintyJ Samura (Menina)	22	Estudante	1 Dockyard, Freetown
342	Ibrahim Kamara	24	Estudante	7 Tarawally Drive, Lumley, Freetown; 078/ 690 983
343	Fatmata Barrie (Menina)	21	Estudante	1 Magazine Cut, Grassfiled, Freetown; 079/ 901 133
344	Bailor Kargbo	22	Estudante	079/951 530
345	IbrahimD	38	Setor privado	18 Jones Street, Freetown 076/

	Kamara		Trabalhador	998 910
346	Umar A Conteh	34	Empresário	14 Mabel Brown Street, Freetown; 076/ 572 486
347	Einstein Aiah	24	Freelance	Lumley, Freetown; 030/ 728 787
348	Agostinho Soka	32	Estudante	Congo Town, Freetown; 078/ 585 952
349	Foday Dabor	35	Ciclista	077/ 852 034
350	BrimaL Kamara	37	Professor	Leicester Road, Freetown 077/ 326 250; 076/ 759 932
351	Bernard Soka	38	-90- Professor	Murray Town, Freetown 077/ 249 178; 078/ 129 654
352	Mohamed Jalloh	63	Comerciante	Cruz do Congo, Freetown
353	AbdulK Tarawally	28	Estudante	Njala Morkonde 076/ 179 362
354	Mohamed Jalloh	25	Condutor	Lumley, Freetown 030/ 688 839
356	Abdulai Kamara	27	Cavaleiro de Okada	Wilberforce, Freetown 076/181 934
357	Kadiatu Kamara (Menina)	30	Enfermeira	Lumley, Freetown 077/ 609 896
358	EstêvãoR Allieu	57	Engenheiro mecânico	Rutilo; 076/ 744 729
359	Sahr Nabieu	26	Vendedor Top Up	Lumley, Freetown 077/ 033 468
360	PeterRoy Allieu	24	Estudante	Lumley, Freetown 077/ 347 822
361	Godwin Gage	65	ReformadoPrisão Funcionário	Nova Inglaterra, Freetown 099/ 774 927
362	Elkanah Kalakoh	28	Estudante	Kissy Road, Freetown 077/ 999 239
363	Musa Jalloh	22	Estudante	Portee, Freetown
364	AlfaS Bangura	23	Estudante	14 Hamilton Lane, Freetown
365	Sahid W G Kamara	23	Estudante	Aberdeen, Freetown
366	AlfaM	25	Estudante	51 Kissy Road, Freetown

	Kalakoh			
367	Alimamy O Bangura	35	Farmacêutico	Patton Street, Freetown
368	Isata Suma (Sra.)	31	Costureira	86 Thunder Hill, Freetown 076/ 752 929
369	Xeque Marwa Koroma	58	Imã/Professor	3 Tamba Gborie Street, Kenema; 078/ 965 026
370	Rugiatu Sesay (Menina)	29	Enfermeira	Savage Square, Freetown 078/ 422 239

APÊNDICE 2 - COMPILAÇÃO DAS RESPOSTAS DOS ENTREVISTADOS

RELATIVAMENTE AOS SECTORES/QUESTÕES DO LADO NEGRO E ÀS SUAS AVALIAÇÕES DOS PROGRESSOS DO DESENVOLVIMENTO DO PAÍS DE 2000 A 2016, INCLUINDO O RESUMO.

NÃO. DE ENTREVISTADOS.	OS SECTORES/QUESTÕES ENUMERADOS SÃO CONSIDERADOS O LADO NEGRO DO DESENVOLVIMENTO DA SERRA LEOA? SIM NÃO DK CT	AVALIAÇÃO DO DESENVOLVIMENTO DA SERRA LEOA DE 2000 A 2016. (%)	NÃO. DE ENTREVISTADOS.	OS SECTORES/QUESTÕES ENUMERADOS SÃO CONSIDERADOS O LADO NEGRO DO DESENVOLVIMENTO DA SERRA LEOA? SIM NÃO DK CT	AVALIAÇÃO DO DESENVOLVIMENTO DA SERRA LEOA DE 2000 A 2016. (%)
1	√	33	34	√	45
2	√	45	35	√	5
3	√	35	36	√	50
4	√	15	37	√	34
5	√	25	38	√	35
6	√	15	39	√	25
7	√	35	40	√	45
8	√	22	41	√	50
9	√	25	42	√	30
10	√	25	43	√	25
11	√	20	44	√	30
12	√	30	45	√	25
13	√	20	46	√	30
14	√	30	47	√	35
15	√	49	48	√	40
16	√	20	49	√	45
17	√	15	50	√	20
18	√	48	51	√	10
19	√	30	52	√	25
20	√	44	53	√	25
21	√	30	54	√	30
22	√	50	55	√	5
23	√	50	56	√	55

24	√	30	57	√	40
25	√	25	58	√	30
26	√	25	59	√	20
27	√	25	60	√	40
28	√	25	61	√	40
29	√	40	62	√	40
30	√	30	63	√	30
31	√	45	64	√	10
32	√	30	65	√	30
33	√	30	66	√	40
67	√	40	112	√	20
68	√	40	113	√	35
69	√	15	114	√	15
70	√	48	115	√	30
71	√	38	116	√	15
72	√	25	117	√	55
73	√	45	118	√	40
73	√	47	119	√	30
75	√	10	120	√	50
76	√	30	121	√	30
77	√	25	122	√	10
78	√	20	123	√	20
79	√	30	124	√	42
80	√	40	125	√	15
81	√	30	126	√	23
82	√	35	127	√	30
83	√	30	128	√	15
84	√	45	129	√	15
85	√	30	130	√	35
86	√	50	131	√	50
87	√	10	132	√	50
88	√	30	133	√	40
89	√	55	134	√	40
90	√	45	135	√	49
91	√	50	136	√	30
92	√	10	137	√	40
93	√	20	138	√	25
94	√	20	139	√	35
95	√	35	140	√	25
96	√	10	141	√	40
97	√	10	142	√	30
98	√	39	143	√	30
99	√	35	144	√	17
100	√	25	145	√	40
101	√	30	146	√	20
102	√	30	147	√	35
193	√	45	148	√	40
104	√	35	149	√	35
105	√	40	150	√	15
106	√	40	151	√	10

107	√	45	152	√	25
108	√	40	153	√	30
109	√	20	154	√	40
110	√	25	155	√	20
111	√	51	156	√	40
157	√	50	202	√	50
158	√	5	203	√	35
159	√	20	204	√	30
160	√	5	205	√	25
161	√	30	206	√	20
162	√	45	207	√	25
163	√	48	208	√	30
164	√	45	209	√	37
165	√	50	210	√	40
166	√	50	211	√	15
167	√	50	212	√	20
168	√	9	213	√	37
169	√	25	214	√	25
170	√	15	215	√	50
171	√	20	216	√	49
172	√	30	217	√	35
173	√	30	218	√	30
174	√	30	219	√	25
175	√	20	220	√	20
176	√	20	221	√	40
177	√	35	222	√	20
178	√	30	223	√	20
179	√	50	224	√	20
180	√	35	225	√	40
181	√	20	226	√	5
182	√	30	227	√	40
183	√	35	228	√	45
184	√	35	229	√	50
185	√	30	230	√	17
186	√	30	231	√	45
187	√	10	232	√	20
188	√	35	233	√	35
189	√	10	234	√	30
190	√	5	235	√	15
191	√	30	236	√	25
192	√	25	237	√	60
193	√	40	238	√	15
194	√	60	239	√	35
195	√	20	240	√	40
196	√	30	241	√	30
197	√	25	242	√	25
198	√	38	243	√	51
199	√	35	244	√	20
200	√	45	245	√	15
201	√	10	246	√	45

247	√	50	292	√	40
248	√	45	293	√	40
249	√	40	294	√	19
250	√	30	295	√	28
251	√	43	296	√	32
252	√	10	297	√	40
253	√	40	298	√	30
254	√	15	299	√	30
255	√	25	300	√	40
256	√	15	301	√	49
257	√	2	302	√	40
258	√	5	303	√	35
259	√	9	304	√	15
260	√	2	305	√	25
261	√	5	306	√	40
262	√	12	307	√	30
263	√	15	308	√	30
264	√	10	309	√	35
265	√	30	310	√	32
266	√	6	311	√	40
267	√	11	312	√	28
268	√	50	313	√	25
269	√	48	314	√	20
270	√	45	315	√	30
271	√	35	316	√	35
272	√	30	317	√	30
273	√	30	318	√	30
274	√	25	319	√	50
275	√	25	320	√	55
276	√	30	321	√	45
277	√	25	322	√	50
278	√	25	323	√	40
279	√	5	324	√	55
280	√	28	325	√	25
281	√	40	326	√	55
282	√	30	327	√	40
283	√	20	328	√	35
284	√	33	329	√	55
285	√	50	330	√	40
286	√	40	331	√	50
287	√	30	332	√	25
288	√	50	333	√	15
289	√	30	334	√	50
290	√	40	335	√	25
291	√	30	336	√	14
337	√	20			
338	√	17			
339	√	44			
340	√	45			
341	√	40			

342	√	50
343	√	50
344	√	38
345	√	55
346	√	60
347	√	40
348	√	37
349	√	25
350	√	40
351	√	15
352	√	45
353	√	33
354	√	30
355	√	30
356	√	18
357	√	30
358	√	35
359	√	38
360	√	30
361	√	40
362	√	45
363	√	15
364	√	25
365	√	30
366	√	20
367	√	20
368	√	40
369	√	5
370	√	28

Fonte - Compilado a partir das informações obtidas no questionário

RESUMO DOS INQUIRIDOS

TIPO DE RESPOSTA	NÚMERO DE RESPOSTAS (FREQUÊNCIA)
	365 (98.6%)
	1 (0.3%)
Sim Não Não sei dizer	4 (1.1%)
TOTAL	**370 (100%)**

Fonte - Compilado a partir das informações da entrevista acima

APÊNDICE 3 - COMPILAÇÃO DA "GRAVIDADE" DAS RESPOSTAS SOBRE AS ÁREAS/SECTORES DO LADO NEGRO DO DESENVOLVIMENTO DA SERRA LEOA

ÁREA/SECTOR	MUITO, MUITO GRAVE	MUITO SÉRIO	SÉRIO
Terras e habitação	7	6	19
Turismo e cultura	6	5	26

Comércio	4	10	27
Pesca e marinha	4	6	13
Corrupção	13	7	6
Informação e comunicação	2	2	20
Ambiente	1	1	0
Desporto	9	9	33
Administração local	1	2	10
Bem-estar social	2	4	13
Trabalho e desemprego	32	24	28
Transporte	1	7	40
Economia	29	16	36
Problema de atitude	1	0	0
Democracia	11	11	18
Instituições (Polícia/Segurança)	3	16	26
Infra-estruturas (estradas)	8	21	45
Justiça (Judiciário)	24	18	38
Agricultura	48	60	91
Saúde e saneamento	85	71	72
Educação	159	88	54
Abastecimento de água	33	35	37
Eletricidade	19	28	78
Exploração mineira	5	7	29

Fonte - Compilado a partir das informações obtidas no questionário

ANEXO 4 - CLASSIFICAÇÃO DA "GRAVIDADE" DAS RESPOSTAS DOS DIFERENTES SECTORES/ÁREAS (DO PRIMEIRO AO VIGÉSIMO QUARTO; 1 A 24)

REA/SECTOR	CLASSIFICAÇÃO MUITO, MUITO GRAVE	CLASSIFICAÇÃO MUITO SÉRIO	CLASSIFICAÇÃO SÉRIO	CLASSIFICAÇÃO MÉDIA	CLASSIFICAÇÃO FINAL
Educação	1	1	4	2	1
Saúde e saneamento	2	2	3	2.3	2
Agricultura	3	3	1	2.3	2
Abastecimento de água	4	4	7	5	4
Trabalho e desemprego	4	6	11	7	6
Economia	6	9	7	7.3	7
Justiça	7	8	7	7.3	7
Eletricidade	8	5	2	5	4
Corrupção	9	13	22	14.6	16
Democracia	10	11	16	12.3	11
Desporto	11	13	10	11.3	10
Infra-estruturas	11	6	5	7.3	7

Terras e habitação	11	13	16	13.3	16
Turismo e Cultura	11	19	14	14.6	17
Exploração mineira	15	13	11	13	15
Comércio	15	11	11	12.3	11
Pesca e marinha	15	13	19	15.6	19
Instituições (Polícia/Sec)	15	9	14	12.6	14
Informação e comunicação	19	21	16	19.3	21
Assistência social	19	19	19	19	20
Transporte	21	13	5	12.3	11
Administração local	19	21	21	20.3	22
Ambiente	19	21	23	21	23
Problema de atitude	19	21	23	21	23

Fonte - Compilado a partir das informações obtidas no questionário

APÊNDICE 5 - RESUMO DA "CLASSIFICAÇÃO MÉDIA DE GRAVIDADE" POR ÁREA/SECTORES DO LADO NEGRO DO DESENVOLVIMENTO DA SERRA LEOA

ÁREA/SECTOR	CLASSIFICAÇÃO
Educação	1
Saúde e saneamento	2
Agricultura	2
Abastecimento de água	4
Eletricidade	4
Desemprego	6
Justiça	7
A economia	7
Infra-estruturas	7
Desporto	10
Comércio	11
Democracia	11
Transporte	11
Instituições	14
Exploração mineira	15
Terras e habitação	16
Turismo e Cultura	17
Corrupção	18
Pesca e marinha	19
Assistência social	20
Informação e comunicação	21

Administração local	22
Ambiente	23
Problema de atitude	23

Fonte - Compilado a partir dos Apêndices 3 e 4 Compilado a partir das informações obtidas no questionário acima.

APPENDIX 6 - CÁLCULO DA AVALIAÇÃO DO DESENVOLVIMENTO DA SERRA LEOA DE 2000 ATÉ À DATA

INTERVALO DE NOTAS DE AVALIAÇÃO	FREQUÊNCIA (F)	Iii GAMA MÉDIA DE MARCAÇÃO (X)	iv (ii x iii) FX
0-10	29	5	145
11-20	62	15.5	961
21-30	113	25.5	2881.5
31-40	91	35.5	3230.5
41-50	62	45.5	2821
51-60	13	55.5	721.5
TOTAL	370		10760.5

$$\text{Mean} = \overline{X} = \frac{\sum FX}{\sum F} = 10760.5/370 = 29.08\%$$

APPENDIX 7 - QUESTIONÁRIO DE INVESTIGAÇÃO (INSTRUMENTO)

1.	O que é "*desenvolvimento*" para si? Ou melhor, qual é o seu "*significado/entendimento sobre desenvolvimento*"?

2.	Desde 2000 até ao presente (2017), quais as áreas/sectores do nosso desenvolvimento com que não está satisfeito ou com que está feliz? Enumerar o maior número possível?

3.	Porque é que não está satisfeito?

4.	Considera, portanto, que estas áreas são o "*lado negro*" do desenvolvimento do nosso país, se definirmos "*lado negro*" como "*áreas em que não se registaram melhorias significativas ao longo do tempo*"?

SIM NÃO NÃO SABE NÃO PODE DIZER (assinale uma opção)

5.	A partir da lista em (2), enumere esses domínios/sectores ou classifique-os em termos de

a.	Muito, muito grave

b.	Muito grave

c.   Sério

6.   O que pensa que deve ser feito para "*melhorar estas áreas*" de modo a que os benefícios do desenvolvimento possam ser sentidos pela maioria dos serra-leoneses?

7.   De um modo geral, como avalia o desenvolvimento da Serra Leoa em termos de percentagem (ou seja, acima de 100%)?

MUITO OBRIGADO PELO VOSSO TEMPO E ATENÇÃO

REFERÊNCIAS

Adelman,. I - 2001. *"Fallacies in Development Theory and their Implication for Policy'"*, in "Frontiers of Development Economics, publicação do Banco Mundial

Governo da Serra Leoa - 1996. [th]*"Acordo de paz entre o Governo da Serra Leoa e a Frente Unida Revolucionária da Serra Leoa"*, um documento de paz assinado em Abidjan, Costa do Marfim, em 30 de novembro de 1996.

Governo da Serra Leoa - 2005. *"Documento de Estratégia de Redução da Pobreza - Um Programa Nacional para a Segurança Alimentar, Criação de Emprego e Boa Governação"*, Freetown, Serra Leoa.

Governo da Serra Leoa - 2008. *"Government Whiter Paper on the Report of the Commission of Enquiry into the poor performance of pupils in the 2008 BECE and WASSC Examinations"*, Freetown, Serra Leoa.

Governo da Serra Leoa - 2014. *"A blueprint for Youth Development - Sierra Leone's National Youth Programme, 2014-2018"*, Ministério da Juventude e NAYCOM; com o apoio do PNUD Serra Leoa.

Governo da Serra Leoa - 2014. *"A Agenda para a Prosperidade, Caminho para o Estatuto de Rendimento Médio - 2013-2018"*, Freetown, Serra Leoa.

Governo da Serra Leoa - 2015. *"Orçamento do Governo e Declaração de Políticas Económicas e Financeiras"* para o Ano Financeiro de 2016; apresentado pelo Dr. Kaifala Marah - Ministro das Finanças e do Desenvolvimento Económico, Freetown, Serra Leoa.

Governo da Serra Leoa - 2016. *"MDGs Report 2015 Sierra Leone"*, produzido pelo Ministério das Finanças e do Desenvolvimento Económico, Freetown, Serra Leoa.

FMI - 2013. *"In Our hands-Earth's Precious Resources"*, da F and D Publication, setembro de 2013, Volume 50, Número 3. Washington D.C., EUA.

FMI - 2014. *"Regional Economic Outlook, Sub Sahara Africa Staying the Course"*, do World Economic and Financial Surveys, outubro de 2014, Washington D.C., EUA.

FMI - 2016. *"Africa's Growth Ups and Downs"*, da F and D Publication, junho de 2016, Volume 53, Número 2. Washington D.C., EUA.

FMI - 2016. *"Smart Technology Takes Flight"*, da F and D Publication, setembro de 2016, Volume 53, Número 3. Washington D.C., EUA.

FMI - 2017. *"Growth Conundrum"*, da F and D Publication, março de 2017, Volume 54,

Número 1

NAYCOM - 2012. "*The 2012 Sierra Leone Status of Youth Report*", produzido para o Ministério da Juventude e a NAYCOM com o apoio do PNUD Serra Leoa

NAYCOM - 2014. "*The 2013 Sierra Leone Status of Youth Report*", produzido para o Ministério da Juventude e a NAYCOM com o apoio do PNUD Serra Leoa

Psacharopoulos, George e Patrinos, Harry A - 2004. "*Returns to Investment in Education: A Further Update*", Education Economics 12(2): 111--34

Sachs J - 2005. "*O Fim da Pobreza - Possibilidades Económicas do Nosso Tempo*", Penguin Group, Nova Iorque, EUA.

Sen, A - 2001. "*Development as Freedom*", Oxford University Press, Reino Unido

Banco Mundial - 2001. "*Frontiers of Development Economics-The Future in Perspective*", editado por G.M Meier e J.E Stiglitz, Washington D.C., EUA

Banco Mundial - 2006. "*Where is the Wealth of Nations? Measuring Capital for the 21st Century*", Washington D.C., EUA.

Todaro M.P e Smith S.C - 2003. "*Economic Development*", 8th edition, Addison Wesley, UK

Transparency International - "*Annual Reports on Corruption Perception Index*", Vários anos (20007 a 2016)

Nações Unidas - 2004. "*The Least Developed Countries Report 2004*", Nações Unidas, Nova Iorque e Genebra

Nações Unidas - 2017. "*Africa Renewal-special Edition on Youth*", Departamento de Informação Pública das Nações Unidas, Nova Iorque, EUA

Universidade das Nações Unidas - 2007. "*Advancing Development - Core Themes in Global Economics*", editado por George Mavrotas, Anthony Shorrocks e reencaminhado por Amartya Sen, Palgrave Macmillaan.

PNUD - 2010. "*Relatório de Desenvolvimento Humano: The Real Wealth of nations-Pathways to Human Development*", PNUD, Nova Iorque, EUA

PNUD - 2014. "*Relatório de Desenvolvimento Humano: Sustentar o Progresso Humano - Reduzir as Vulnerabilidades e Criar Resiliência*", PNUD, Nova Iorque, EUA.

Programa das Nações Unidas para o Desenvolvimento - 2015. "*Relatório do Desenvolvimento Humano; Trabalho para o Desenvolvimento Humano*", publicado para o Programa das Nações Unidas para o Desenvolvimento; Nova Iorque.

PNUD - 2016. *"Relatório de Desenvolvimento Humano - Desenvolvimento Humano para Todos"*, PNUD, Nova Iorque, EUA.

Grupo do Banco Mundial - 2017. *"Africa's Pulse - An Analysis of issues shaping Africa's economic future"*, Relatório produzido pelo Gabinete do Economista-Chefe para a Região de África, abril de 2017, Volume 15

SOBRE O AUTOR

Denis Moinina Sandy é especialista em questões de *"Desenvolvimento Económico"* e obteve o seu doutoramento em Economia pela Universidade de Bremen, Alemanha, em 2003. É professor de Economia Aplicada, Desenvolvimento Económico, Análise Macroeconómica e Planeamento e Gestão de Projectos no Departamento de Economia e Comércio, Fourah Bay College, Universidade da Serra Leoa. Prestou igualmente uma série de serviços de consultoria ao Gabinete do PNUD para a Serra Leoa, a ONG, a OSC e ao Governo da Serra Leoa. Foi o consultor nacional para o *"Blueprint Document on Youth Development"* no país produzido em 2014; *"Status of Youth Report 2014/15"*; e recentemente *"The Risk Assessment Report on Corruption the Mining Setor in Sierra Leone"*. Entre 2009 e 2011, foi Ministro do Território, do Planeamento Rural e do Ambiente e Ministro da Segurança Social, do Género e da Infância do Governo da Serra Leoa. É casado com Mary e tem dois filhos.

I want morebooks!

Buy your books fast and straightforward online - at one of world's fastest growing online book stores! Environmentally sound due to Print-on-Demand technologies.

Buy your books online at
www.morebooks.shop

Compre os seus livros mais rápido e diretamente na internet, em uma das livrarias on-line com o maior crescimento no mundo! Produção que protege o meio ambiente através das tecnologias de impressão sob demanda.

Compre os seus livros on-line em
www.morebooks.shop

Printed by Books on Demand GmbH, Norderstedt / Germany